퍼스널 스토리텔링

옮긴이 · **최은아**

상명대학교 경제학과를 졸업한 후 교육 회사에서 인사 관리 및 교육 프로그램 개발을 담당했다. 현재 번역가로 활발히 활동 중이다. 글로 표현되지 않은 저자의 생각을 추리하는 데 흥미를 느끼고 독자가 저자의 생각을 온전히 흡수하도록 돕는 일에 사명감을 느낀다.
역서로는 《어른초년생의 마인드 트레이닝》, 《생각이 바뀌는 순간》, 《인생이 바뀌는 하루 3줄 감사의 기적》, 《THE ONE-PAGE PROJECT(더 원 페이지 프로젝트)》 등이 있다.

퍼스널 스토리텔링

2022년 2월 3일 초판 1쇄 펴냄

지은이 • 토머스 리처드
옮긴이 • 최은아
표지 디자인 • 정진아
펴낸곳 • 도서출판 일므디
전자우편 • Ilmeditbook@gmail.com

ISBN 979-11-977068-0-6 03190
값 18,000원

Admit One: Writing Your Way into the Best Colleges by Thomas Richards
© 2019 Johns Hopkins University Press.
All rights reserved.
This Korean edition was published by Il me dit in 2022
by arrangement with Johns Hopkins University Press, Baltimore, Maryland
through Hobak Agency, South Korea.

이 책은 호박 에이전시(Hobak Agency)를 통한 저작권자와의 독점 계약으로 도서출판 일므디에서 출간되었습니다. 저작권법에 의해 한국 내에서 보호를 받는 저작물이므로 무단 전재와 무단 복제를 금합니다.

personal storytelling

퍼스널 스토리텔링

토머스 리처드 지음 | **최은아** 옮김

일므디

차례

저자의 말 　　　　　　　　　　　　　　　　　　　007
옮긴이의 말 　　　　　　　　　　　　　　　　　　015
서문　합격을 위한 자기 표현의 기술 　　　　　　021

1장　시선을 사로잡는 글쓰기 　　　　　　　　　033
　　　… 글을 통해 나를 증명한다

2장　존재감 있는 단어 사용하기 　　　　　　　　059
　　　… 사람의 마음에 울림을 주는 말이 있다

3장　긴 문장을 화려하게 쓸 필요는 없다 　　　　077
　　　… 좋은 문장은 어느새 스며들어 잊히지 않는다

4장	독자에게 신뢰를 주는 문단	107
	⋯ 글의 힘은 진실 안에 숨어 있다	
5장	나의 가치를 보여 주려면?	131
	⋯ 나의 삶에 귀 기울이는 시간이 필요하다	
6장	하나의 스토리텔링 구성하기	155
	⋯ 글쓰기는 집을 짓는 것과 같다	
7장	실제 사례를 통한 자기소개서 쓰기	187
	⋯ 타인의 삶은 내 글에도 영향을 미친다	
8장	자기소개서는 우리 삶을 바꿀 수 있다	233
	⋯ 예측하지 못한 상황에 강렬한 경험을 하게 된다	

글을 마치며   259

저자의 말

 이 책은 자기 자신을 명확하게 표현하는 방법에 대해서 다룬다. 그러면서 글쓰기의 본질을 들여다본다. 그 본질은 자신을 원형적으로 표현하기 위해 관찰과 느낌, 생각을 잘 활용하는 것이다. 입시나 취업을 위해 이러한 글을 쓰는 건 거의 대부분 1인칭 시점으로 자신의 경험을 쓰는 것을 의미한다.
 이야기에서 경험을 생생하게 묘사하려면 자신의 경험 안에 있는 질서를 찾아야 한다. 좋은 글은 하루아침에 쓸 수 있는 게 아니다. 좋은 글은 채굴을 해야 한다. 글감을 채굴해서 발전시키고 확장하는 다양한 방법을 이 책에서 소개하고 있다.
 대학이나 회사에 들어가려면 자기를 잘 표현하는 방법을

알아야 한다. 그러려면 자기소개서를 잘 써서 자신을 보여 주어야 한다. 자신의 이야기를 중심으로 작성해서 말이다. 누구나 좋은 글을 읽을 때에는 그 글이 잘 써졌음을 알아본다. 하지만 어떤 요소 때문에 좋은 글이 되었는지는 잘 이해하지 못하는 경우가 많다. 이 책에서는 좋은 이야기가 어떻게 조화를 이루는지 살펴보고 어떻게 이야기를 하나로 만들어 자기를 잘 표현하는 자기소개서를 작성할 수 있는지 설명할 것이다.

좋은 이야기가 조화를 이루는 방법을 이해하려면 사례를 구체적으로 연구해야 한다. 좋은 이야기에는 목소리가 있다. 글쓰기를 가르치는 책에서는 대부분 목소리가 담긴 글을 써야 한다고 말한다. 하지만 그것이 얼마나 어려운 일인지는 모르는 경우가 많다. 영국의 위대한 화가 조슈아 레이놀즈는 이렇게 말했다.

"잘 쓴 사람의 작품을 많이 알면 알수록 '창작'의 힘은 더욱 확장될 것이다."

자기를 표현하는 창의적인 자기소개서를 쓰려면 많은 노력이 필요하다. 창의적인 글은 글쓴이가 하나씩 신중하게 선택해 작성한 결과물이다. 이러한 글을 보는 사람은 그 글에 드러난 자아 인식의 수준을 본다. 글쓴이가 자신이 말하고 있는 게 무엇인지 아는가, 자신이 하는 말의 근원을 이해하는가를 보는 것이다.

호소력 있는 자기소개서를 쓰려면 종합적인 관점에서 이야기를 구성해야 한다. 하지만 대부분의 글에는 그러한 조화로움이 없다. 사람들은 자신의 정보를 최대한 많이 기록하려고 하지만 그들이 적는 내용은 자신의 실제 모습과 거리가 있다. 자기 자신에게 장막을 치는 것처럼 보인다.

자기소개서에는 흔하디흔한 외적 경험들로 가득하다. 지원자는 그러한 외적 경험에 나름의 의미가 있어 자신을 잘 보여 줄 것이라고 생각하는 듯하다. 또한 남들과 비슷한 포부들이 자기소개서를 가득 메운다. 지원자는 스스로 합당하다고 여기는 목표를 나열한다.

대부분 자신이 겪은 경험의 중요성과 그 의미를 정확하게 글로 표현하는 방법을 배우지 못했다. 그러니 자기소개서는 질문에 그저 답변을 나열한 것처럼 읽히는 경우가 많다. 글 너머로 하나의 완성된 인간을 볼 수 없는 것이다. 그러면 그 글을 읽게 되는 입학사정관이나 인사 담당자가 자기소개서를 그저 짧은 경험들과 개인적 일화들을 서술한 기록으로 읽게 될 위험이 생긴다.

매일 살아가면서 우리는 끊임없이 제한된 정보로 누군가에 대한 이미지를 짜 맞춘다. 하지만 자기소개서에서 그러한 단편적인 정보는 탈락의 문을 열어 준다.

자기소개서 쓰는 방법을 가르치는 사람이나 책은 많다. 그러나 이 책은 가르치려는 시도에서 끝나지 않고 자기소개서를 써 보도록 한다. 그러니 이 책은 작문의 규칙을 알려 주는 일반적인 안내서가 아니라 특정한 종류의 에세이를 쓰는 방법을 제시하는 전략적인 책이라고도 할 수 있다. 대다수가 자기소개서를 쓸 때 미리 정해진 틀에 맞춰 자신을 표현한다. 나는 그런 암묵적인 규칙에서 벗어나 자신의 실제 모습을 최대한 표현하는 기술을 알려 주고 싶다.

글을 잘 쓴다는 것은 자신이 겪은 경험에 개방적인 마음을 가졌음을 의미한다. 인상적이었던 감각, 기억, 그 기억에 대한 감정, 수년간 살면서 배운 모든 것에 열린 마음을 가져야 좋은 글을 쓸 수 있다.

그동안 나는 훌륭한 글을 뽑아 보여 주면서 어떻게 하면 좋은 글을 쓸 수 있는지 가르쳐 왔다. 훌륭한 글에 열린 마음으로 접근해서 쓴 글이야말로 글쓴이의 전체적인 모습을 적절한 순간에 가장 진실하게 담아낸다. 그리고 자신의 모습을 다양하게 묘사할 수 있다.

자기소개서 가운데는 자신을 경직된 자아로 표현하는 자기소개서가 많다. 사람은 수많은 요소에 영향을 받는 복잡한 존재인데 여러 요소에 영향을 받은 모습이 보이지 않는다. 나는 글쓰기를 가르치기도 하지만 소설가이자 문학 평론가다. 많은 시간을 글을 분석하며 보냈다. 어떤 인물의 삶을 생생하게 묘사하는 글과 그렇지 못한 글 모두 말이다.

장편 및 단편 소설은 등장인물이 여러 사건들에 휘말리고 난관에 대처해 나간다. 그리고 시간이 흐르면서 발전하는 모습을 보여 준다. 그러한 소설들은 그 자체로 연구 대상이 되기도 하고 등장인물을 통합적인 방식으로 표현하는 방법의 사례로도 활용할 수 있다.

《소설의 이해 Aspects of the Novel》에서 E. M. 포스터는 평면적 성격과 원형적 성격을 분석했다. 평면적 성격의 인물은 등장할 때마다 쉽게 알아볼 수 있다고 말한다. 그들에게는 특징이 한 가지밖에 없기 때문이다. 이에 반해 원형적 성격의 인물은 다차원적인 사람이다.

대다수의 자기소개서에서는 지원자가 소설의 평면적 인물의 형태를 띤다. 평면적 인물은 결코 발전이 없다. 문제는 이

뿐만이 아니다. 소설에서는 평면적 인물이 원형적 인물인 척하는 법이 없다. 하지만 자기소개서에서는 평면적 인물이 원형적인 것처럼 표현된다. 이는 글쓴이가 글에서 원형적 인물이 어떻게 탄생하는지 모르기 때문이다.

인물이 평면적으로 묘사되는 원인은 많다. 단조로운 언어 때문일 수도 있고 1차원적인 관찰과 느낌, 생각 때문일 수도 있다. 여기서 중요한 점은 포스터의 말처럼 평면적 인물은 단 한 가지의 지배적인 특징을 빼면 '존재감이 전혀 없다'는 것이다. 자기소개서에서는 이 한 가지의 지배적인 특징이 전형적인 포부, 즉 의사가 되겠다든지 변호사가 되겠다는 내용이거나 팀이나 단체에 속해 활동을 한 경험일 것이다.

그러한 특징은 쉽게 기억된다는 장점이 있다. 그러나 안타깝게도 상황에 맞게 변해야 할 특징까지 그대로 있다. 그래서 평면적인 인물로 묘사된 지원자는 단순하게 표현된 캐리커처에 가깝다는 느낌을 준다.

원형적 인물을 창조하기란 몹시 어렵다. 포스터는 이런 말을 했다.

"원형적 인물인지 아닌지 알아보려면 그 인물이 예측 가능한지 아니면 언제나 놀라움을 주는지를 보면 알 수 있다."

이 말을 보면 원형적 인물은 한 줄로 요약할 수 없음을 알 수 있다. 원형적 인물의 행동은 예측할 수 없기 때문이다.

그들은 삶을 온몸으로 부딪치며 경험하고 그 과정에서 변화한다. 제약과 모순에 직면해도 헤치고 나아간다. 분명한 목적을 설정하지 않은 채 그렇게 하는 경우가 많다. 원형적인 인물은 항상 과정을 몹시 중요하게 생각하기 때문이다. 찰스 디킨스의 《위대한 유산》에 등장하는 핍을 생각해 보자.

핍은 끊임없이 변하며 성장한다. 밤낮 가리지 않고 낯선 사람들 사이에서 특이한 각도로 세상을 뚫고 나가며 사소한 경험을 하게 된다. 그러한 일에 어떤 의미가 있는지 명확하게 알지 못하지만 핍은 항상 온몸으로 경험한다. 보는 것이 많으면 많을수록 그는 더 많이 변하며 그의 자의식은 발전하고 성숙한다. 이러한 성숙은 그가 삶의 견고한 기준점을 찾으면서 나타난다. 그로 인해 삶을 오래된 과거나 상상 속의 미래가 아닌 현재의 삶 그 자체로 경험하게 된다.

소설이 진행되면서 핍은 경험의 아주 기본적인 조각들을 재해석하려고 고군분투한다. 그 과정에서 자신이 사랑하는 여성 에스텔라와 자신을 도운 죄수 아벨 매그위치가 처음에 본 모습과 매우 다르다는 점을 알게 된다. 핍의 삶은 변화 그 자체다. 핍의 이야기를 다루는 이 소설은 1인칭 시점으로 통합적인 목소리를 내는 완벽한 표본이다.

자기소개서의 짧은 분량을 고려해 본다면 그것은 축소된 초상화라고 할 만하다. 하지만 결코 2차원적인 그림이 아니다. '학업 성취를 기술하시오.' 또는 '관심사를 설명하시오.'와 같은 정형화된 질문에 답을 하는 형태로 자기소개서를 시작할 수는 있지만 점차 틀에서 벗어나 형식이 존재하지 않는 영역으로 넘어가야 한다.

제인 오스틴은 자신의 글을 "아주 멋진 붓으로 윤을 낸 5센티미터 너비의 상아 조각"이라고 묘사한 적이 있다. 그녀다운 말이다. 나는 자기소개서라는 작은 틀 안에 무슨 새로운 걸 쓸 수 있겠느냐는 말을 종종 듣는다. 나는 글에 무게와 힘을 주는 기술을 활용하면 한두 페이지에라도 무엇이든 창의적인 걸 쓰는 게 가능하다는 점을 알려 주기 위해 이 책을 썼다.

옮긴이의 말

당신이 자기소개서를 작성하기 전에 이 책을 골랐다면 행운아라고 말해 주고 싶다. 글을 쓰기 전부터 충분한 경험들을 차곡차곡 쌓아 놓아야 입학사정관이나 인사 담당자의 시선을 사로잡는 글을 쓸 수 있는데 이 책이 그러한 경험을 쌓는 과정에 충실한 안내자 역할을 할 것이기 때문이다.

어쩌면 당신은 이직을 결심했는데 자기소개서를 또다시 쓸 생각을 하니 의기소침해진 사람이거나 회사에서 짧은 글도 제대로 완성하지 못해 상사의 눈치를 보는 사람일 수도 있다. 아니면 대학에 들어가려고 자기소개서를 준비하는 학생일지도 모른다.

글을 써야 하는데 막다른 골목에 부딪친 것 같아 이 책, 저 책을 뒤적거리다 《퍼스널 스토리텔링》을 발견했는가? 그렇다면 당신에게 딱 맞는 책을 발견한 것이다. 이 책이 막다른 골목에 새로운 길을 내줄 것이기 때문이다.

두 해 전 나는 큰아이가 입시를 준비하는 과정을 지켜보면서 자기소개서가 자소설이 되지 않게 하려면 이미 자신만의 경험으로 가득한 삶을 살아왔어야 했음을 느꼈다. 물론 자기소개서에는 틀이 있다. 글은 그 틀을 벗어나지 않으면서도 한 사람의 개별적인 모습과 고유한 모습을 뚜렷하게 드러내야 했다. 자신만의 글을 써야 했던 것이다.

그러나 또래와 비슷한 경험을 한 아이가 글을 통해 자신의 개성을 끄집어내는 일은 쉽지 않았다. 아이가 자기소개서를 작성하면서 꽤나 애를 먹던 모습이 기억난다. 그래서 고3이 되기 전에, 아니 애를 먹던 그 시기에라도 이 책을 만났더라면 큰 도움을 받았을 텐데 하는 아쉬움이 생긴다.

학교나 회사 등 집단에 속한 사람들은 대부분 그 구성원들과 비슷한 사고를 한다. 자신만의 고유한 사고를 해야겠다는 생각이 처음부터 막히는 일까지 생길지 모른다. 비슷한 사고를 하고 작성한 글은 비슷할 수밖에 없다. 그리고 그 글로 지원자를 평가하는 사람 눈에는 비슷한 글을 쓴 사람들이 잘 구분되지 않을 것이다.

이 책에는 바로 이러한 문제를 해결하는 기술이 담겨 있다. 책의 저자 토머스 리처드는 보고 느끼고 생각하는 것에 초점을 맞춰 어떻게 자신만의 목소리를 내는 글을 쓸 수 있는지 다양한 사례들을 통해 설명한다. 관찰, 느낌, 생각이 어떻게 문장에 숨을 불어넣는지 궁금하지 않은가? 이 책에는 문장이 어떻게 생명력을 얻어 스스로 방향을 잡아 나아가는지 놀라운 사례들이 등장한다.

사람은 자신이 속한 집단에서 꺼리는 생각은 아예 처음부터 고려하지도 않으려는 경향이 있다. 그래서 우리는 집단이 보는 것을 보고, 집단이 느끼는 것을 느끼고, 집단이 생각하는 것을 생각하게 되는 것이다. 그렇다면 그 집단에 속한 내가 정말 '나'일까? 이 책은 읽는 사람의 정체성까지 건드리고 있다.

저자는 '온전히 내가 관찰한 것인가?', '온전히 내가 느낀 것인가?', '온전히 내 생각인가?'라는 질문을 끊임없이 던지며 자신이 이 행위들의 주체가 되어야 함을 강조한다. 그러면서 관찰, 느낌, 생각을 자신의 것으로 만들어야 합격으로 가는 글쓰기를 할 수 있다고 말한다. 이 세 가지 요소를 어떻게 자신의 것으로 만들 수 있을까? 추상적인 말처럼 들릴지 모르지만 저자가 제안하는 방식은 매우 실용적이다. 관찰, 느낌, 생각이 통합되어 글이 하나로 완성되는 과정을 생생하게 보여 주기 때문에 이 책이 이끄는 대로 따라가다 보면 자신만의 고유한 방식으로 보고 느끼고 생각하게 된다.

　이 책을 읽다 보면 눈앞의 상황을 다르게 해석해 보려는 시도를 하게 될지 모른다. 그리고 그런 시도에 스스로 깜짝 놀라게 될 것이다. 이 책을 번역하면서 나는 평범한 것을 한 번 비틀고 뒤집어서 보면 어떨까 하는 호기심이 생겼다. 이 책을 읽는 사람들도 그러리라 감히 장담해 본다. 그렇게 다르게 보려고 시도하면 자신만의 세계를 쌓게 된다. 평범함 속에서 쌓는 고유함을 자기소개서에 담을 수 있게 되는 것이다.

　저자는 글에 진정한 자신을 담으려면 인식을 새롭게 해야 한다고 말한다. 기존에 갖고 있던 인식의 틀에서 벗어나 새로운 인식을 구축하라는 말이 너무 거창해 보일지 모른다. 하지만 책에서는 그게 그렇게 어렵지 않음을 다양한 사례를 통해 보여 준다. 지금 보이는 게 전부가 아닐 거라는 생각을 하고 다시 보고 또 보겠다는 의지만 있으면 된다. 그러면 새로운 세상을 보게 된다. 다시 보고 또 보는 과정에서 자신이 본 게 맞는 걸까 하는 의구심이 생길 수도 있고 어떤 상황을 관찰한 내용이 오락가락할 수도 있다. 하지만 그런 과정을 통과하면 자신만의 관찰은 더욱 단련될 것이다.

자기소개서를 쓰는 일에는 어쩌면 세상에서 통하는 상식을 깨부수는 용기가 필요할지도 모른다. 자기를 표현하는 글을 쓸 때 보편적인 경험들을 앵무새처럼 따라 말해서는 안 되기 때문이다. 자신만의 기록이어야 한다.

지원자들의 서류를 점수화해 다른 객관적인 점수가 같을 때 입학사정관이나 인사 담당자는 지원자가 우리 학교에 와서, 우리 회사에 와서 어떠한 성취를 이뤄 낼지, 어떤 잠재력이 있는지를 보고 합격과 불합격을 결정하고자 한다. 그때 입학사정관이나 인사 담당자에게 합격의 확신을 주는 것이 바로 자기소개서다. 따라서 자기소개서에는 자신의 잠재력을 담아야 한다. 그런데 또 이 잠재력이라는 것이 자칫하면 남들과 비슷하게 보일 위험이 있다. 이것이 바로 자신만의 고유한 모습을 꼭 담아야 하는 이유다.

당신에게 제안하고 싶은 게 있다. 이 책을 읽으면서 잠시 멈추고 따라 해 보는 시간을 갖기를 조심스럽게 권하고 싶다.

예를 들어 무언가를 구체적으로 묘사하는 방법을 설명하고 있다면 바로 자신의 눈앞에 있는 사물을 생생하게 묘사해 보는 것이다. 또는 책에서 관찰이 느낌을 낳는 글을 다루고 있다면 자신이 본 것에서 자신만의 느낌을 꺼내 보는 것이다. 그 느낌이 어떤 것이든 상관없다. 어떤 느낌이라도 꺼내 보면 거기서 다양한 생각이 가지를 치기 시작할 것이다.

이 책에서 제안한 방법은 훌륭한 자기소개서를 쓰기 위한 전략들이지만 그 방법들을 따라가다 보면 삶을 바라보는 자세까지 달라질 것 같다. 글은 글쓴이의 삶을 보여 주는 데서 그치지 않고 글쓴이의 삶을 이끌기도 하니 말이다.

당신이 이 책을 잘 활용해 원하는 대학, 원하는 직장에 합격하기를 바란다. 뿐만 아니라 글을 써야 하는 상황에서도 자신의 고유함을 담은 멋진 글을 작성할 수 있기를 바란다. 고유함이 담긴 당신의 글은 당신의 삶까지 유일무이한 여정으로 이끌 것이다. 당신만의 멋진 삶을 살아가기를 바란다.

서문

합격을 위한 자기 표현의 기술

합격을 위한 안내서들이 수없이 많지만 이 책은 그와는 다른 종류의 안내서다. 이 책에서는 다른 사람의 평가에 매달리지 않고 자신을 보여 주면서 평가받을 수 있는 방법을 소개할 것이다. 또한 당신의 경험에서 의미를 찾아내는 방법을 보여 줄 것이다. 그 경험이 훌륭한 글로 표현될 때 당신은 자신의 인식을 형성할 수 있게 된다. 그러면 그 사이에서 공명이 생겨 다른 사람에게 울림을 전달할 수 있을 것이다.

자기를 표현하는 기술은 여러 가지가 있지만, 우리는 이 책에서 글쓰기를 잘할 수 있는 방법을 다룰 것이다. 그중에서도 자기소개서가 바탕이 될 것이다. 자기소개서를 인위적으로 꾸며 낼 필요는 없다. 자기소개서는 그저 자기 자신을 보여 주는 것이다. 나는 글쓰기를 가르치면서 깨달은 점이 있다. 자기소개서를 준비하는 과정이 자아 발견의 수단이 될 수 있다는 점이다.

◆ ◆ ◆

합격에는 기술이 있다. 훌륭한 지원자는 자기소개서와 추가 서류, 추천서, 성적 증명서 등이 모두 하나의 이야기인 듯 조화를 이룬다.

이 이야기는 픽션과 논픽션의 혼합물일 때 가장 잘 이해된다. 감정과 생각을 신속하게 전해 주는 픽션의 기법을 사용할 때 자기소개서는 지원자의 이야기를 전달하며 그 의미를 솔직하게 보여 줄 수 있다. 나아가 그 의미를 온전히 자신의 것으로 만들어 자신이 통찰한 내용을 보여 줄 수 있다. 함축적이고 짧은 내용이지만 사고를 통합하는 과정을 보여 주는 것이다.

대학이나 회사에서는 지적으로 성숙하고 개방적인 인식을 가지고 있으며, 자신의 정체성을 형성하는 능력이 싹튼 사람들을 찾고 있다. 이런 의미에서 자기소개서에 자신의 이야기만 그저 나열하는 것은 충분하지 않다. 특히 명문 대학이나 대기업에서는 평가의 기준을 주로 자기 내부에 두는 사람을 찾는다. 즉, 승인을 받으려고 하거나 거부당할까 두려워서 다른 사람의 평가에 매달리는 사람에게는 문을 열어 주지 않는다.

훌륭한 자기소개서를 읽으면 흥미로운 삶을 들여다보고 있다는 느낌을 받는다. 지원자가 자신의 목적을 위해 스스로 선택한 그런 삶 말이다. 그렇다고 자기소개서에 적힌 이야기가 완벽한 삶이라든지 모든 게 실현된 삶일 필요는 없다. 이러한 느낌을 주기 위해 중요한 점은 지원자가 자신의 이상을 실현시키기 위해 어떠한 노력을 했는지 보여 주는 것이다.

이 지점에서 어떻게 쓰는지가 중요해진다. 감정에 생각을 담고, 생각에 감정을 부여하면서 자신을 표현해야 한다. 그러려면 자신의 목소리를 찾아야 하는데 이 작업은 최고의 작가들조차 어려워하는 일이다. 그러한 목소리는 자기 인식을 해야만 찾을 수 있기 때문이다.

그렇지만 지원자를 받는 모든 곳에서 자기를 표현할 기회를 제공한다는 사실을 기억하자. 대학이나 회사에서는 지원자에게 잠재력을 내보일 기회를 준다. 이 '잠재력'이라는 단어에 주목해야 한다. 재능을 어릴 때부터 꽃피우는 경우는 별로 없기 때문이다.

젊은 나이에 자신의 목소리를 찾는 경우는 드물다. 그래도 글을 쓰면서 목소리를 찾으려고 시도하는 사람은 점점 더 자신의 모습을 찾아 간다. 그런 사람들은 우선 집단에서 공유하고 있는 삶의 허울을 벗어 버린다. 그다음 언어를 사용해 체계적인 규칙이 아닌 자신의 한계를 온전히 경험할 수 있는 가능성을 처음으로 찾기 시작한다. 언어를 솔직하게 다루다 보면 감각이 알려 주는 모든 정보를 받아들일 수 있다. 사람들은 그러한 내용을 거듭거듭 글로 표현하며 내면에 있는 미지의 영역을 찾는다. 또한 자신의 외부에 존재하는 세상에 대한 자각도 더 키워 간다.

글을 쓰다 보면 자신의 경험에 무슨 의미가 있는지 알 수 있다. 또한 자신이 어떤 특성을 가지고 있는지도 파악할 수 있다. 그렇게 되면 마침내 그 특성들이 스스로 성장한다. 자신의 특성이 성장하게 되면 입시나 취업을 준비하면서 더 나은 선택을 할 수 있게 된다. 만일 자신이 기준으로 삼는 틀이 있다면 글쓰기는 그 틀 안에서 모험을 하게 해 준다. 그렇게 하면서 스스로의 생각과 감정을 실험해 보고 변화할 수 있다. 외부 세계에 자신의 내부 세계를 위한 공간을 만들어 보는 것이다.

이상하게 보일지 모르지만 이때 가장 어려운 부분이 그 경험을 받아들이는 방법을 찾는 것이다. 나 역시 내 생각과 방법을 글을 쓰며 나 자신에게 적용해 나만의 고유한 방법을 찾게 됐다. 내가 자기소개서를 잘 쓰는 기술을 아는 것도 자기소개서를 쓰는 사람들과 다양한 방법을 시도하면서 그들만의 방법을 찾도록 도왔기 때문이다.

사람들이 그들만의 방법을 찾기는 쉽지 않았다. 자기소개서를 쓰다가 막히면 열에 하나 혹은 더 많은 사람들이 더 이상 어떻게 해야 할지 몰랐다. 그들은 자기소개서를 쓰는 방법에 대해 아는 것을 모두 적용했지만 그것으로는 문제가 해결되지 않았다. 어떻게 해야 명확한 목표를 향해 건설적으로 행동하는 건지 알지 못했다. 그렇게 어려움이 생기면 사람들은 나에게 찾아왔다.

그 사람들은 주로 자신의 강점이 아닌 약점을 강조했다. 그들은 내가 자신의 점수에 몇 점 더 추가할 수 있는 방법을 알 거라고 생각했다. 어떻게 하면 자기소개서를 더 잘 쓸 수 있는지는 관심도 없었다. 사람들은 자기소개서를 색칠하는 그림책 정도로 생각하고 있었다. 이미 그려진 그림에 크레파스로 색을 칠해 넣으면 된다고 생각하는 것이다.

나는 사람들이 자기소개서를 작성하면서 스스로를 작은 존재로 만들어 그 틀 안에 욱여넣는 모습을 여러 번 봤다. 마치 정형화된 방식이 있는 것처럼 보였다. 사람들은 일률적으로 답변을 적어 나갔다. 어딘가에 들어가기 위해 준비하는 과정을 무언가를 배우는 경험으로 생각하는 사람은 거의 없는 것 같았다. 사람들은 자기소개서를 작성하는 것이 그저 치밀하게 구성된 평가 항목의 연장선상에 있다고 생각하는 것 같았다. 그러니 융통성 있게 자기소개서를 작성하는 경우가 별로 없는 게 당연했다. 자기소개서를 쓰면서 자신의 '현재'를 자각하는 일 또한 거의 없었다. 기한에 맞춰 작성만 하면 그 끔찍한 순간이 지나갈 것이라는 막연한 생각만 할 뿐이었다.

기본적으로 대학이나 회사에서 자기소개서를 요청할 때는 이를 제대로 쓸 수 있도록 '긴 기간'이 주어진다. 하지만 사람들은 기간이 길다는 생각을 하지 않았다. 그래서 나도 처음에는 오로지 어떤 기계에 답변을 집어넣듯이 그 일을 해내도록 도왔다. 실제로 '공통 지원서'는 기계와 같았다. 사람들은 자신의 모습을 그저 짜깁기하곤 했다. 보여 주기 위해 그렇게 짜깁기한 모습이 자신의 실제 모습과는 많이 다르다고 생각했다. 그렇지만 달리 할 수 있는 게 없다고 느꼈다.

나는 이것이 얼마나 문제투성이인지 깨달았다. 사람들은 두 가지 현실에 직면한다. 한 가지는 들어가고자 하는 곳에서 바라는 요구 조건이다. 다들 이 조건을 반드시 지켜야 하는 것으로, 절대 변하지 않을 것처럼 이야기한다. 시험을 잘 치르고, 봉사활동을 하라고 말이다.

또 다른 하나는 그리 오래 지나지 않아 이것이 생각보다 복잡한 상황이라는 것을 파악하게 된다는 점이다. 들어가고자 하는 곳에 들어가기 위해서는 몇십 대 일의 경쟁을 통과해야 한다. 그래서 시험도 잘 봐야 하고, 생활 기록부나 추천서에도 좋은 평가를 받아야 한다. 개인 과외도 필요해 보이고, 좋은 대학에 입학시켜 줄 진학 상담 교사와도 조율해야 한다. 취업 박람회도 찾아다니고 비싼 취업 컨설팅을 받을지도 고민해야 한다. 이러한 시스템을 잘 아는 것 같은 다른 이들에게 두려움을 느끼면서 말이다.

이 모든 게 입시나 취업 전쟁에 들어서는 순간 부딪치는 일이다.

많은 사람들이 이런 현실에 어떤 질서도 없다고 느낀다. 그들은 어디에선가 누군가가 자신을 평가할 것이라는 믿음으로 입시나 취업을 준비한다. 그러나 한편으로는 어디에도 평가의 틀이 존재하지 않는 것 같아 혼란스러워한다.

사람들은 자기 자신이 평가의 직접적인 대상이 된다는 부분을 생각하지 못한다. 또한 자신의 경험을 신뢰하지 못한다. 이는 자기소개서를 쓸 때 스스로 한계를 만드는 요소다. 자신이 무엇을 위해 경험을 한 것인지 확신하지 못하며 그 경험을 간략하게만 나열하기에 제대로 된 평가를 받기가 어려워진다.

그렇게 자기소개서를 제출하고 몇 개월이 지나면 합격 또는 불합격 통보를 받는다. 그리고 대부분은 그냥 다음 과정으로 넘어가려 한다. 물론 그렇게 결과만 받아들이려는 태도를 비난할 수는 없다. 하지만 그것은 '수용'이라는 말의 의미를 안 좋은 쪽으로 변질시키는 것이다.

◆ ◆ ◆

나는 내가 생각하는 글쓰기는 무엇인지 일목요연하게 정

리했다. 결국은 잘된 글이 힘이 있는 글이니 말이다. 그리고 잘된 글은 관찰, 느낌, 생각이 매끄럽게 조화될 때 나온다. 그렇게 작성된 글은 중요한 요소가 잘 갖춰져 있어 훌륭한 글이 된다.

젊을수록 세상을 새롭고, 창의적으로 바라볼 수 있고 정열적으로 느낄 수 있다. 이는 바꿔 말하면 사람들마다 바라보는 세상이 다르다는 뜻이다. 그러니 다른 사람의 생각에 얽매이지 않아야 한다. 틀에 박힌 형식을 뛰어넘어 자신이 보고 느낀 것을 토대로 단계적으로 생각을 형성해 가야 하는 것이다. 그럴 때에야 명료한 글, 효과가 있는 글, 힘이 있는 글을 쓸 수 있을 것이다. 그렇게 쓴 글은 설명이 아닌 탐구의 결과다. 즉 좋은 글을 쓰려면 자기 탐구를 기반으로 거기에 초점을 맞추는 훈련이 필요하다.

자신의 생각을 단순히 적어 가다 보면 전에는 자각하지 못했던 생각을 자각하게 된다. 또한 그렇게 자신의 생각을 적으면서 그 생각을 명확하게 보게 될 때 자신이 무슨 생각을 하고 있는지 잘 알게 된다. 자기소개서는 전문적인 지식을 활용하는 글이 아니다. 하지만 자기소개서를 통해 자신의 생각이나 내면을 보다 잘 표현할 방법을 찾는 지적인 시도를 하는 모습을 보여 줄 필요는 있다. 그러한 자기소개서는 입학사정관이나 인사 담당자가 지원자의 서류에 담긴 점수 너머를 볼 수 있게 해 준다.

　내가 또 중요하게 여기는 기술이 있다. 그것은 바로 '하나의 스토리텔링'이다. 나는 사람들에게 자기소개서를 하나의 이야기로 생각해 보라고 한다. 자신의 삶에 대한 짧은 소설이나 자신을 다양한 측면에서 말해 주는 하나의 커다란 서사로 말이다. 이를 위해 간단하지만 두드러지는 자신의 이야기를 말해 보라고 한다. 그리고 어니스트 헤밍웨이의 《우리 시대에 In Our Times》나 산드라 시스네로스의 《망고 스트리트에 있는 집 The House on Mango Street》을 다루며 작가가 글에서 자신을 어떻게 묘사했는지 같이 들여다보기도 한다. 그러면 자기소개서에 추가적인 질문이 있어도 짧고 차분하게 답변할 수 있다.

　여기서 내가 전하고자 하는 것은 수많은 조각들로 전체 그림을 완성하는 방법이다. '하나의 스토리텔링'으로 자기소개서를 써야 자신이라는 한 인격체를 다른 사람에게 온전하게 전달할 수 있다. 이는 한편으로는 자기 자신에게도 자신을 확인받았다는 느낌을 준다. 어디든 일단 합격하면 자신이 알려졌다는 느낌, 확인받았다는 느낌을 받게 된다. 나는 누군가가 실수해서 자신을 합격시킨 것 같다는 말을 하면 안타깝기 그지없다.

물론 자신이 실력으로 합격한 게 아닌 것 같다는 생각은 곧 사라진다. 이제까지 내가 본 대부분의 합격생들이 그러했다. 자기소개서로 자신을 잘 표현해 본 사람은 결국 자신이 합격한 게 우연이 아니라고 생각한다. 자신이 담당자에게 어떤 부분이라도 확신을 주었기 때문에 합격했다고 생각하게 된다.

어딘가에 합격하면 사람들은 자신을 '이해받고' 존중받았다고 느끼며 앞으로 나아갈 준비가 됐다고 생각한다. 비록 결과가 좋지 않았더라도 자신이 발전했다는 느낌은 받을 수 있다. 또한 전에는 미처 몰랐던 자신의 진실한 내면을 발견할 수 있다. 자신 안에 있는 경이로운 모습을 마주할 수 있는 것이다. 그리고 바로 이 지점에서 설레는 여정이 새롭게 펼쳐진다.

나는 이 책에서 글쓰기에 대한 생각들을 좀 더 일관성 있게 제시한다. 자기소개서를 쓰는 전체적인 과정을 처음부터 차근차근 설명하면서 말이다. 단어와 문장, 문단을 어떻게 활용할지 검토하면서 해야 할 것과 하지 말아야 할 것을 살펴보고 다양한 방식으로 글을 다듬어 평범한 에세이가 어떻게 점점 더 좋은 방향으로 변하는지 보여 줄 것이다.

나아가 어떻게 글쓰기를 지적 능력을 발전시킬 수단으로 활용할 수 있는지 조언도 담았다. 사람들은 자신의 이야기를 조리 있게 말하는 능력을 갖길 원한다. 이 책에서 말해 주는 기술들을 잘 활용하면 효과적인 스토리텔러로 발전해 기억에 남는 지원자가 될 수 있다.

나는 이러한 배움이 순수한 지적 활동이기도 하다고 생각한다. 시험을 대비해 형식적으로 공부하며 시간을 보내면 시험을 치렀다는 그 사실 자체로 끝나게 된다. 사람들은 그러한 경험을 얻길 원하지 않는다. 하지만 글쓰기 방법을 배우는 데 시간을 투자하면 실제로 대학에 입학하거나 회사에 취업할 자격을 갖추게 된다. 물론 글을 잘 쓴다고 해서 입시나 취업 스트레스가 사라지지는 않는다. 하지만 글을 잘 쓰면 대학이나 직장을 지원하는 과정에 더 주의를 기울이게 되며 더 좋은 결과가 나오리라 기대할 수 있다.

personal storytelling

1장

시선을 사로잡는 글쓰기

⋮

글을 통해 나를 증명한다

TIP

1. 의미를 명확하게 쓰기
2. 남의 문장을 애매하게 인용하지 않기
3. 글쓴이의 감정이 들어간 글을 쓰기
4. 주장을 너무 강하게 쓰지 않기
5. 자기 의견만 중요하다는 태도 피하기

　대부분 자기소개서의 문제점은 글쓴이의 경험과 그것을 표현하는 방식이 다르다는 것이다. 자기소개서에 단어가 있긴 있지만 그 단어의 이면에는 어떤 의미도 없어 보인다. 단어에 감정이 담겨 있지 않고 제거되어 있는 경우도 많다. 단어가 생각을 좇아 요동칠 때도 있지만 단어에 생각의 부재가 드러나기도 한다. 그렇게 되면 글에 글쓴이가 보이지 않게 된다.

　이는 자기소개서에 사용된 단어를 적극적으로 선택한 것이 아니라 수동적으로 받아들였기 때문이다. 그래서 단어가 명확하기는 하지만 왠지 묘사하는 현실과는 동떨어진 느낌이 들 때도 많다. 심지어 글쓴이의 태도가 확실하고 글쓴이가 처한 상황이 확실해도 그럴 수 있다.

글쓴이의 경험을 현실과 동떨어진 언어로 표현한 글을 살펴보자.

작년에 나는 웨스트버지니아에 있는 광산을 찾았다. 환경의식 고취를 목적으로 학생회에서 주도한 여행이었다. 광산 안으로 우리가 들어갈 수 있는 건 아니었다. 광산을 운영하는 회사에서는 우리에게 입구 밖에 있으라고 했다. 그리고 광부들이 밖으로 나올 때만 문을 열었다.

그들은 피곤해 보였다. 우리는 그들에게 석탄이 지구 온난화에 미치는 영향에 대한 책자를 주려고 했지만 그들은 관심이 거의 없어 보였다. 그 후 회사는 우리에게 자신의 입장을 전하려고 누군가를 보냈다. 우리는 그의 말을 들어 볼 것인지 논의했지만 이미 언론을 통해 회사의 방침이 충분히 알려져 있었기 때문에 그러지 않았다. 회사는 뒷짐을 진 채 문제를 해결하지 않고 그냥 놔둘 것이라는 데 의견이 모였던 것이다. 그래서 회사에서 대표로 나온 그 사람의 말을 듣지 않고 우리의 요구 사항만 그에게 제시했다. 요구 사항에는 화석 연료 소비 감축에 대한 확실하고 즉각적인 약속이 포함됐다.

집으로 돌아오는 길에 버스에서 우리는 오래된 저항 가요를 불렀다. 매우 가슴 저미는 순간이었다. 우리는 자연의 심장으로 다가가는 문제에 대해, 더 큰 구조적 문제에 대해, 지구 온난화를 가속화하는 조직들을 해체할 필요에 대해 이야기했다. 무엇보다 산업 현장에 있는 근로자의 건강과 직결된 문제를 체계적으로 다룰 필요가 있었다.

나는 '변화 예산'과 관련한 아이디어를 냈다. 회사에서 일하는 근로자를 재교육하기 위한 기금을 설립하는 것이었다. 그러면 근로자는 풍력이나 태양 전지, 그 밖에 생태학적으로 무해한 지구에서 순환하는 에너지 사업에 참여할 수 있다. 아니면 미래의 물결이 될 지열 에너지를 활용할 수도 있다. 나는 친구들에게 빠른 시간 안에 행동을 취해야 한다고 말했다. 인간이 환경을 파괴하면 사회가 남아 있을 수 없기 때문이다.

1세기 전에는 사회 정의를 이루겠다는 계획이 시민 평등권 운동을 이끌었다. 이제 지구 환경 정의에 대한 목표가 나를 대학으로 이끌고 있다. 나는 세상을 모두가 더 살기 좋은 곳으로 만드는 일에 사고적 리더십을 보이고 싶다. 내 계획은 사회적 불공정을 다루는 분야를 전공하거나 나만의 영역을 개발하는 것이다. 때때로 나는 이것을 '탄압 연구'라고 부른다. 내가 만난 광부들이 석탄의 대량 소비를 낳는 역사의 흥망을 알았다면 틀림없이 그날 웨스트버지니아 바리케이드에서 우리와 합류했을 것이다.

수많은 자기소개서가 이와 비슷하다. 공적인 목적이 있다. 하지만 여기서 광산을 방문한 실제 경험에 대한 묘사는 다소 맥락과 상관없어 보인다. '광부들이 피곤해 보인다'와 같은 확인되지 않은 상황만 언급했을 뿐이다.

주장은 단순하고 뚜렷하다. 광산 회사에 대한 비난도 명확하다. 인간이 석탄을 사용하는 일에는 어떤 유익도 없어 보인다. 글의 기저에는 분노가 깔려 있다. 변화가 더딘 세상에 대한 글쓴이의 화가 담긴 것이다. 하지만 왜 그러한 분노를 느끼게 되었는지 그 원인에 대한 자신의 이야기는 빠져 있다. 이러한 글은 대충 읽히고 잊힌다. 글에 명료함은 있지만 목소리가 없기 때문이다.

그 이유는 무엇일까?

서툰 글은 대개의 경우 의미가 애매하다. 그래서 글에 담긴 근본적인 생각이 무엇인지 이해하기 어렵다. 솔직히 글에 글쓴이의 깊은 생각이 담기지 않을 때가 많다. 글을 좀 더 자세히 들여다보자. 글 속의 많은 문장들이 어디서 본 듯하다. '자연의 심장으로 다가간다'는 말은 존 뮤어의 말이다. '인간이 환경을 파괴하면 사회가 남아 있지 않다'는 표현은 마거릿 미드의 말을 베낀 것이다. 그 밖에 많은 문장에 구체적인 힘이 부족하다. 그래서 누구 때문에 역사가 흥망한다는 것인가? 정의로운 지구 환경은 어떤 환경인가?

파리 코뮌에서 시작된 주요 혁명 용어인 "바리케이드"라는 표현처럼 낡고 진부한 표현도 있다. 몇몇 문장은 심지어 광고처럼 들린다. "미래의 물결이 될" 지열 에너지에 대한 언급이 있지만 글쓴이는 강력하게 휩쓰는 물결이라는 개념에 어떤 위협이 들어 있는지 잘 모르는 것 같다.

이렇게 그 의미를 제대로 이해하지 못하고 문장을 인용해 사용한다면 글쓴이의 감정을 잘 드러내지 못한다. 자신이 목표하는 방향으로 글을 이끌고자 눈에 띄는 노력을 하지만 "가슴 저미는"이라는 표현은 공감을 불러일으키기는커녕 지나치게 감상적이다. 글쓴이의 외침은 평범한 문장들 뒤에 가려지고 만다.

이 구절들이 읽기는 쉽다. 하지만 읽기 쉬운 이유는 전에 어디선가 본 듯한 내용들이기 때문이다. 이 글에서 글쓴이는 세상을 변화시키려고 하지만 결국 자신의 확신만 강화시킨다. 글에서 이러한 느낌이 들면 글쓴이를 믿을 수 없게 된다. 기본적으로 다른 사람이 이미 한 말들을 언급하면서 그 말의 배경도 제대로 모른 채 사용하기 때문이다.

글 속의 어떠한 단어에도 글쓴이나 광부의 삶을 직접적으로 표현한다는 느낌이 없다. 이 글에 선택된 단어들은 경직되고 편협한 인식을 낳는 경향이 있으며 글쓴이는 현재의 상황을 해결하기 위해 어떤 계획을 세워야 하는지 명확히 모르는 것 같다. 오로지 석탄이라는 단어만 강조할 뿐이다.

이 글에는 외적인 사건을 내적으로 해석하려는 노력이 없으며 심지어 자신이 모르는 점을 배우려는 생각도 없다. 글 전반에는 자신과 비슷한 생각을 지닌 작은 집단의 구성원들과 의견을 나눈 경험만 나타난다. 글쓴이는 반대 의견을 가진 사람과 대화하는 것이 얼마나 중요한지 알지 못했다. 그래서 대화를 할 수 있는 기회였던 회사 대표와의 대화마저도 강하게 거부했다. 사실 권한이 없는 저항자들이 권한을 가진 존재가 되길 원해 만장일치의 의견을 낸 것이 문제라고 할 수도 있다.

글쓴이가 새롭게 지어낸 "사고적 리더십"이라는 표현에서는 다른 의견은 중요하지 않고 자신의 의견만 중요하다는 글쓴이의 생각이 읽힌다. 이 말은 다른 사람에게 자신의 생각을 강요하여 이끄는 리더를 떠올리게 한다. 이 글에 개인의 삶은 없다. 남모르게 고통을 겪는 광부의 삶도 없고 글쓴이 개인의 삶도 없다. 공적인 세계의 충돌만 있다. 이 세계에서는 선으로 대표되는 하나의 큰 세력이 악을 대표하는 다른 세력을 몰아내려 한다. 이 글은 누가 봐도 확신과 진실을 혼동하는 나이 어린 글쓴이가 삶을 미숙하게 표현해 낸 글이다.

이처럼 주장이 확실한 에세이는 불편함을 줄 수 있다. 종종 작가들은 글을 통해 자신을 보여 주지만 그 모습이 작가의 모습일 수도 있고 아닐 수도 있다. 그럼에도 작가들은 독자들이 자신을 알지 못하게 방해하지는 않는다. 그러나 이 글은 글쓴이가 그렇게 하고 있다. 자신의 내면의 소리를 경청하지 않고 의식의 흐름대로 하고 싶은 말만 했기 때문이다.

글쓴이에 대해 올바른 방향으로 생각하도록 글쓴이가 우리 옆에 앉아 도울 수도 없는 노릇이다. 앞선 글에서 우리가 할 수 있는 거라고는 다양한 자료를 읽은 글쓴이가 사회 정의에 관심을 갖게 되었다는 잠정적인 가설을 내리는 것뿐이다. 구체적인 학업 방향이나 앞으로 하고 싶은 일도 명확히 제시되어 있지 않다.

이러한 자기소개서를 검토한 입학사정관이나 인사 담당자는 성적이나 추천서 등 다른 지원 서류를 다시 뒤적거리게 될 것이다. 그러면 자기소개서가 지원자 개인과는 아무런 관련이 없어지고 좋은 결과를 얻을 가능성도 매우 낮아질 수 있다. 되레 안 좋은 효과를 낳을 수 있다는 말이다.

글쓴이는 자신의 여러 가지 생각을 자기소개서의 취지에 맞게 제시하려고 노력했을지 모른다. 하지만 이렇게 자기소개서의 틀에 일률적으로 맞춘 생각은 시간이 흐르면서 효과가 없어지고 만다. 입학사정관이나 인사 담당자는 그러한 자기소개서를 선택하지 않는다.

◆ ◆ ◆

이제 조지 오웰의 《위건 부두로 가는 길 The Road to Wigan Pier》을 살펴보자. 광산을 찾은 그가 광산에서 나오는 광부들을 보면서 떠오른 점을 서술하는 내용이다.

갱도 밖으로 나온 광부의 얼굴은 너무 창백했다. 검은 석탄 가루를 뒤집어쓴 얼굴은 뚜렷하게 알아볼 수 있을 정도로 창백했다. 갱도에서 마신 오염된 공기 때문이다. 하지만 창백함은 곧 사라진다. 광산 지역으로 새로 이사 온 남부 사람에게 갱도 밖으로 줄줄이 나오는 수백 명의 광부들의 모습은 낯설고 다소 무섭기까지 하다. 얼굴에 움푹 꺼진 곳마다 먼지가 쌓이고 탈진한 얼굴은 사납고 거칠게 보였다. 그들의 얼굴도 깨끗해지면 다른 사람의 얼굴과 크게 다를 바 없었다. 그들은 몸을 꼿꼿이 세우고 어깨를 떡 벌린 채로 걸었다. 등을 세울 수 없는 지하 갱에서 일하다 보니 생긴 반작용 같은 습관이었다. 그들 대부분은 키가 좀 작았다. 두껍고 몸에 잘 맞지 않는 작업복 때문에 근사한 몸은 드러나지 않았다.

그들의 가장 두드러진 특징은 코에 있는 푸른 흉터다. 모든 광부가 코와 이마에 푸른 흉터가 있으며 이 흉터는 죽을 때까지 사라지지 않는다. 갱도 안에 있는 석탄 먼지가 상처가 난 곳으로 들어가고 피부가 새로 나면서 그것을 덮는다. 그러면 문신처럼 푸른 얼룩이 생긴다. 실제로 문신인 셈이다. 이러한 이유 때문에 나이 든 광부는 이마에 로크포르 치즈처럼 푸른색 줄무늬가 있다.

이 글의 현실에는 감히 논하기조차 어려운 삶의 고단함이 있다. 세상은 오웰이 소망하는 모습이 아닐지 모르지만 그는 진실을 느끼고 감응할 수 있다. 광부들의 코에 푸른 흉터가 있다! 오웰은 자신이 본 것 이상을 보려고 하지 않았고 선부른 결론을 내리려고 하지도 않았다. 이렇듯 본 것에 집중하다 보니 그의 마음은 어느 방향으로든 자유롭게 움직였다. 다른 부분을 좀 더 살펴보자.

　작업을 하는 광부를 보면 사람이 다양한 세상에 거주하고 있다는 것을 잠시라도 깨닫게 된다. 저 아래 석탄이 채굴되는 곳은 다른 세상이다. 그런 곳이 있는 줄 들어 본 적 없이 편안하게 살아가는 이곳과는 다른 세상인 것이다. 아마 대다수 사람은 그런 이야기를 듣지 않으려고 할 것이다. 하지만 광부의 세계는 우리의 삶에 절대적으로 필요한 부분이다.
　사실상 우리의 모든 행위, 즉 아이스크림을 먹고 빵을 굽고 소설을 쓰고 대서양을 횡단하는 일까지 모든 게 직접적 또는 간접적으로 석탄을 사용하는 일이다. 평화로운 세상을 만드는 기술에도 석탄이 필요하다. 전쟁이 발발하면 석탄은 더 많이 필요해진다. 혁명의 시대에도 광부는 갱도에 들어가야 한다. 그렇지 않으면 혁명은 멈춘다. 혁명을 지지하는 사람이 많을수록 석탄이 더 필요하기 때문이다. 지상에서 무슨 일이 일어나든 석탄을 파고 담는 일은 멈추지 말고 계속되어야 한다. 몇 주가 넘도록 채굴이 중단되는 일이 있어서는 안 된다. 어떻게든 석탄은 계속 채굴되어야 한다.

여기에 작가의 생각은 있지만 한쪽으로 치우친 편견은 없다. 오웰은 수면 위로 드러난 현실에 대한 놀라움까지도 놓치지 않는다. 그는 점점 더 예리하게 관찰하며 자신의 세계를 탐색한다. 오웰의 책을 읽다 보면 망원경 렌즈가 멀리 있는 물체에 점점 초점을 맞추는 것 같다는 느낌이 든다. 하지만 망원경의 렌즈와 오웰의 시각에는 한 가지 결정적인 차이점이 있다. 오웰의 시각은 차갑지 않다.

오웰은 예리한 시각에 따뜻한 감정을 입혔다. 그가 찾는 것은 어렴풋한 대답이 아니라 문제의 근본이다. 그 과정에서 광부에게 푸른 흉터가 있다는 몰랐던 점을 알게 되기도 한다. 그가 '그 의미는 무엇인가?'라는 질문을 좀처럼 하지 않았다는 점에 유의해 보자. 이런 질문은 단칼에 문제를 세상 밖으로 멀리 밀어 낸다. 오히려 그는 '여기서 무슨 일이 벌어지고 있는가?'라는 질문을 습관적으로 한다. 그런 질문을 하면서 오웰은 독자와 함께 상황이 암시하는 바를 알아내려고 한다.

이런 과정은 종종 예상 밖의 결과를 가져오기도 한다. 이를테면 몇 년이 지나서 《위건 부두로 가는 길》에 대해 독자가 기억하는 것이 광산의 상황이 아닌 그곳에서 일하는 광부의 코에 있는 푸른 흉터일 수도 있다. 그렇지만 오웰은 문제에 대한 고정된 답이나 자신의 강한 의견을 말하지 않고 역경을 그대로 그려 내 사람들이 스스로 발견하게 한다. 오웰 시대에 광부의 고단한 삶을 다룬 책은 수백 권에 달했다. 하지만 오웰의 책은 오늘날까지 인쇄되고 있다.

◆ ◆ ◆

학생의 에세이와 오웰의 글을 비교하는 게 말도 안 된다고 생각할지 모른다. 하지만 그렇지 않다. 글을 평가하는 유일하게 정당한 기준은 글을 잘 썼는지 여부다. 이건 모두에게 적용된다. 훌륭한 글만큼 좋은 기준이 되는 척도는 없다.

하버드 대학교에는 글쓰기 수업이 개설되어 있다. 이 수업은 '1872년 이후 모든 하버드 학생이 들어야만 하는 수업'이다. 사실 글쓰기 실력은 대학이나 회사 등 자신이 원하는 곳으로 들어가는 통로다. 그래서 어떤 형태로든 적절하고 솔직하게, 그리고 지혜롭게 자신을 표현하는 자기소개서가 중요하다. 그것이 자신의 본모습을 보여 주기 때문이다.

앞에서 인용된 오웰의 글에는 두 개의 요소가 서로 영향을 주고받으며 어우러져 있다. 면밀한 관찰이고 망설이는 듯 보이는 신중한 생각이다. 자기소개서를 잘 쓰려면 이러한 관찰과 생각의 결합이 꼭 필요하다.

◆ ◆ ◆

다른 글을 하나 더 소개하려 한다. 앞의 에세이를 읽은 후 이 글을 읽으며 비교해 보자.

> 아침으로 차가운 오렌지를 먹었다. 오렌지는 단단하며 완전히 둥글지는 않다. 지구가 단단하고 공처럼 완전히 둥글지는 않은 것처럼 말이다. 어머니가 준 칼은 무뎠다. 그래서 주방으로 가 서랍 안에 있는 예리한 칼을 꺼내 오렌지를 잘랐다.
> 그때 내가 본 것을 잘 표현할 수 있으면 좋겠다. 하지만 너

무 순간적이었고 그렇게 순간적으로 관찰한 것도 그냥 내 생각이었다. 잘린 오렌지는 초승달 모양이 됐다. 약간의 과즙이 배어 나왔고 과즙이 초승달 모양의 오렌지를 덮으며 세 개나 네 개의 웅덩이를 만들었다. 그 웅덩이들은 일본 열도를 이루는 섬처럼 보였다. 나는 그 섬들의 이름을 알고 있다. 규슈, 혼슈, 시코쿠, 홋카이도다. 최근 맥머티 선생님의 지리학 수업을 듣고 보고서를 쓰면서 알게 되었다.

더 많은 생각이 떠올랐다. 오렌지의 껍질은 딱딱한 지표였다. 그리고 과육은 고체가 액체로 변해 분출한 암류권이었다. 일본의 전체적인 모습은 침입대가 남긴 흉터였다. 이것이 일본 열도를 만들었다. 즉시 나는 구조가 모양을 만드는 이유를 알게 됐다. 지구 내부의 구조적인 힘이 하나로 모여 기형적인 사슬 모양의 섬들을 만든 것이다!

물론 그 과정은 더 복잡할 것이다. 지질학을 공부하면서 지층의 이름들을 배웠지만 지구 내부에서 지층이 쌓이는 과정까지 생각해 본 적은 없었다. 그러나 지금은 다르다. 나는 판구조론의 기본이 이와 같다는 생각을 했다. 그것은 한 접시에 있는 칼이 다른 접시에 있는 오렌지 껍질을 파고드는 개념이다. 이렇게 나는 3차원적인 생각을 했다. 그러다 1960년대 초판 구조론을 내놓은 디츠와 헤스도 이런 생각을 했을 것이라는 생각이 들었다.

나는 한 손에 자르지 않은 오렌지를 잡고 가운데 축을 중심으로 오렌지를 돌렸다. 오렌지의 기울기를 23.5도로 맞춰 보려고 했다. 눈대중으로 할 수 있을까?

눈대중으로 할 수 있을까, 하는 생각이 드는 순간 나는 지리학을 공부해야겠다는 생각을 하게 됐다. 더 명확히 구체적으로 이해해야겠다는 생각이 같이 들었던 것이다. 그리고 내가 지구와 관련된 문제를 직관적으로 파악하는 능력이 있다는 생각도 했다. 예를 들어 나는 지구 물리학을 응용해서 지구 내부에 관해 처음으로 계산해 봤을 때 어렵지 않았다. 그러다 보니 결정체 모양에도 관심이 생겼다.

첫 번째 에세이와 다르지 않은가? 이 에세이에서는 경험한 자와 쓰는 자의 불일치가 사라졌다. 광산을 소재로 쓴 에세이는 남의 말을 빌려 문장을 사용했지만 여기서는 그런 문장이 없다.

이 글은 막힘없이 편안하게 이야기한다. 문장과 문장을 자유롭게 오간다. 문장들은 고체가 용해 단계에 들어간 것처럼 서로의 문장들 사이에서 녹아 스며드는 것 같다. 그럼에도 전체적으로 현실성이 있으며 끝부분에서는 약간 통찰을 하기도 한다. 단어들 이면에서 살아 있고 관찰하고 생각하는 진정한 글쓴이를 느낄 수 있다.

이 에세이는 조리 있게 잘 쓴 글은 아니다. 연상법을 사용해 내린 결론은 잠정적이며 오렌지와 지구라는 중심 소재를 연결시키기에는 분명히 한계가 존재한다. 그런데 글쓴이는 거기에 별로 개의치 않는다. 글쓴이는 경험을 참신하고 새롭게 받아들이는 모습을 보여 주는 글쓰기 방법을 알고 있다.

오렌지에서 지구를 떠올리다니! 비유적인 언어가 약간 있지만 과하게 문학적인 글은 아니다. 한 가지 비유를 일관성 있게 가져가며 생각을 확장시키고 있다. 글쓴이는 '지구가 오렌지 같다.'라는 식으로 직유법을 사용하지 않는다. '지구는 오렌지다.'라고 비유를 확장하지도 않는다. 글에는 비교가 존재하며 무심결에 끌려 나온다. 지구와 오렌지를 같은 선상에 놓았지만 그 둘이 다르다는 사실 때문에 글쓴이가 느끼는 어색함은 전혀 없다.

자신의 인식을 검토하며 거리낌 없이 스스로를 비판하고 그것을 심각하게 받아들이지 않아야 성숙한 태도를 가졌다고 할 수 있다. 즉 자신의 해석이 잠정적이며 새로운 경험을 하게 되면 언제든 달라질 수 있다고 생각의 문을 열어 두는 것이 성숙한 태도다.

이 글에서 글쓴이는 어떠한 주장도 하지 않는다. 함축적인 메시지만 관찰된다. 결정적으로 글쓴이는 열일곱 살 학생의 수준을 넘어서는 화려한 글이나 세련된 글을 쓰지 않았다. 그저 자신의 수준에 맞는 글을 썼다. 성인은 이런 글을 쓰지 못한다. 대필된 에세이는 대개 어떤 사물의 인상을 그대로 묘사하는 경우가 별로 없다. 따라서 이 에세이는 분명히 열일곱 살 학생이 쓴 것이다. 글쓴이는 교육을 받은 지질학자가 아니며 글에 제시된 생각 역시 불변의 생각이 아니다. 몇 개의 단서를 통해 생각이 점차 확장해 간다. 그 가운데서 감정과 생각의 결합을 볼 수 있다.

글쓴이의 자아는 생각하는 자아다. 차분하지만 동적이어서 시시각각 변하는 느낌 사이에서 자유롭게 헤엄치고 있다. 무엇보다 이 글에서는 어린 학생이 기쁨을 품고 삶의 다음 단계로 나아갈 준비가 되어 있음을 느낄 수 있다.

이 사례는 어느 정도 기술적인 부분에서도 성공하고 있다. 느낌과 생각이 잘 연결되어 있기 때문이다. 글을 쓸 때는 보고 느끼고 생각하는 것이 글과 잘 결합되어야 한다. 그래야 조각이 모여 전체 그림을 만든다. 이 수준에 도달하는 사람은 얼마 안 된다. 그리고 보통 그렇게 글을 쓰는 사람만 원하는 대학, 원하는 회사에 들어간다. 하지만 그 정도 수준의 글을 쓸 수 있는 실력이 하루아침에 생기는 건 아니다.

많은 사람이 그 수준에 도달하려고 자신의 꿈을 몇 년 동안 뒤로 미뤄야 했다. 질풍노도의 사춘기를 미화하는 문화에서 살고 있다면 지적으로 성숙해질 수 없다. 글쓰기의 기본을 숙지하는 데만 해도 전진과 후퇴를 반복하는 과정을 겪어야 하기 때문이다. 부족한 언어 감각이나 얕은 사고를 단번에 해결하는 비법은 없다. 몇 주 혹은 몇 달이 걸려도 해결하지 못할 수도 있다. 하버드 대학교에서 글쓰기 개인 교습은 졸업 논문을 쓸 때까지 3년간 지속된다. 그만큼 하버드 대학교에서는 글쓰기를 중요하게 여기는 것이다.

◆ ◆ ◆

평온한 마음 안에서도 분주히 움직이는 마음이 있다. 글쓰기의 기술은 그렇게 이리저리 움직이는 마음의 진실을 담아내는 것이다. 이는 자기소개서를 쓸 때 진실함을 유지하고 꾸며 내지 않아야 한다는 말이다.

자신의 일을 잘 해내는 사람도 성숙하지 않은 생각을 가지고 있을지 모른다. 책임감 있게 자기 주도적으로 생각하게 되기까지는 오랜 시간이 걸린다. 그러나 입학사정관이나 인사 담당자는 사람들의 초기 활동에서 눈에 띌 만한 단서, 합격할 자격이 될 만한 단서를 찾는 경향이 있다. 사실 최소한 6개월은 지나야 글로 자신을 어느 정도 표현할 수 있다. 그러한 글도 대부분은 수정하며 다시 써야 한다.

많은 사람들은 생각의 흐름을 따라가며 거기에 자신의 주장을 특정한 순서로 접목시킨다. 그에 더해 화려한 미사여구를 사용해 자신의 감정을 숨긴다. 학교에서 하는 토론도 이런 식이다. 다소 가벼운 입장으로 의견을 말하며 상대의 의견을 반박한다. 이런 토론은 단순하면서 모호하다. 입장이 두 개로 갈린다는 면에서 단순하며 두 입장이 모두 불확실한 미래를 이야기한다는 게 모호하다.

앞에서 살펴본 두 개의 에세이를 사례로 살펴볼 수 있다. 첫 번째는 모호한 추측에 근거해 미래를 그렸다. 이와 달리 두 번째는 구체적이고 간단한 방식으로 과거를 기술했다. 여러 대학이나 회사는 과거에 무슨 일을 했는지, 어떻게 지내 왔는지에 주로 관심을 갖는다. 모든 분야에는 저마다 최고의 방법이 있다. 과학적인 실험의 목표는 치밀하게 설정되어야 하며 사실을 기반으로 분석되어야 한다. 어떤 활동에는 특별한 의미를 부여하지 말고 그대로 두었다가 나중에 의미를 도출해야 하는 경우도 있다. 댐을 건설하며 부은 콘크리트가 오래 지나야 굳는 것처럼 어떤 경험에서 나오는 의미도 서서히 형성된다. 대학을 다니다가 나에게 글쓰기를 배우러 온 사람은 예일 대학교 교수들에 대해 이렇게 말했다.

"그들은 다 과거에 살고 있는 것 같아요. 그렇지 않아요?"

나는 교수들은 그래야 한다고 말했다. 당장의 경험은 강력하지만 믿을 수 없다. 훌륭한 작가들은 이 점을 오래전부터 알고 있었다. 윌리엄 워즈워스는 시를 두고 "강력한 감정의 즉흥적인 범람"이라고 말한 적이 있다. 하지만 시가 즉흥적인 감정을 표현한다는 데에는 신중했다. 그는 "시의 근원은 평온함 속에서 기억해 낸 감정에 있다."라고 강조했다. 핵심은 기억이다.

기억은 과거의 일이지만 멀리 있지 않다. 기억은 눈앞의 현재와 어느 정도 떨어져 있다. 그래서 현재를 보면서 과거의 기억이 무엇인지 더듬어 볼 수 있다. 회상을 하면서 기억과 관련된 정보를 모을 수도 있는 것이다. 이렇게 기억은 순간의 경험만 떠올리는 일이 아니다. 특히 순간과 순간이 맞물리고 어떤 경험이 다른 경험과 오버랩되면 경험이 가지고 있던 중요한 의미가 두각을 드러낸다.

훈련된 작가들이 언제나 평온한 상태에서 올바른 선택을 한다고 말할 생각은 없다. 그런 일은 없다. 일관된 목소리는 자유롭게 표현하지 못하도록 방해할 때가 있기 때문이다. 자유롭게 표현하려면 큰 책임이 따른다.

글을 쓰는 사람은 글이 가져오는 결과를 인식해야 한다. 우선 자신이 말한 내용에 책임을 질 수 있어야 한다. 그다음 자신이 쓴 글에서 독자가 끌어낼 수 있는 모든 추론까지도 책임을 져야 한다. 그리고 아주 멀리까지 의미 있는 반향을 일으키는 요소는 무엇이고, 그렇지 않은 요소는 무엇인지 판단해야 한다. 그렇기에 글을 쓰는 사람은 계속 결정해 가면서 끊임없이 수정한다. 그 과정은 오류투성이일 수 있으며 초기 단계에서는 최종 결과가 어떻게 나올지 확신이 없다. 또한 밤에 자신이 쓴 글을 대낮에 맑은 정신으로 보면 정신이 번쩍 들지도 모른다.

이때 글쓰기의 기본 요소인 단어와 문장, 문단을 능숙하게 사용하면 글을 다시 쓴다 해도 수월해진다. 그러려면 언어 감각이 있어야 한다. 놀랍지 않은가? 어째서 내용이 아니라 언어란 말인가? 간단히 말하자면 자기소개서는 짧기 때문이다.

자기소개서를 읽는 입학사정관이나 인사 담당자는 글쓴이의 단어와 문장, 문단을 다루는 감각을 우선적으로 보게 된다. 물론 자기소개서에 무엇을 쓰느냐는 중요하다. 특히 자신의 이야기를 말하는 대목에서는 내용이 중요하다. 하지만 그것을 읽는 사람은 '어떻게' 표현하는지에 주의를 기울인다.

자기소개서에 선택된 단어들은 당신을 잘 보여 주는가? 당신이 선택한 단어가 그것을 쓴 당신을, 그것을 개인적으로 경험한 당신을 잘 말하고 있는가? 당신이 사용한 단어는 문장을 가꿔 주는 아름답고 예리한 도구인가? 아니면 무딘 날을 지닌 하찮고 쓸모없는 도구인가? 당신의 언어 감각은 무심코 사용하는 일반적인 감각인가? 아니면 치밀하게 계획해서 사용하는 감각인가? 당신이 세심하게 강조한 단어들을 읽는 사람도 알아채는가?

이 질문들에 대한 대답은 당신의 언어 감각에 따라 달라진다. 언어 감각이 바로 자기소개서의 토대가 되며 그것은 입학사정관이나 인사 담당자가 자기소개서의 주인공을 원형적인 존재로 보도록 하는 데 필수적인 자아의식을 창조한다.

언어 감각은 세 가지 과정, 즉 보고 느끼고 생각하는 과정에서 모두 나타난다. 보는 것은 즉각적인 인식이며 존재에 견고한 기초를 놓는다. 이것은 단어다. 느끼는 것은 고동치는 문장으로 표현된다. 이 뿌리는 경험에 있다. 생각하는 것은 구속력 있는 체계이며 문단으로 나타난다.

글쓴이의 진정한 모습은 단어 하나, 문장 하나, 문단 하나하나가 쌓이면서 조금씩 완성된다.

— *personal storytelling* —

2장

존재감 있는
단어 사용하기

⋮

사람의 마음에 울림을 주는 말이 있다

TIP

1. 은유법보다는 직유법으로
2. 구체적인 느낌을 단어로 표현하기
3. 자신만의 기준이 있는 단어 선택하기
4. 전문 용어의 과도한 사용 피하기
5. 편견 없는 단어 사용하기

　종이에 적힌 단어에는 그 단어만의 존재감이 있다. 이 점을 잘 알고 느낌으로 받아들여야 비로소 타인에게 울림을 주는 글을 쓸 수 있다.

　'목소리'라는 단어는 내게 나름의 의미를 지닌다. 목소리라는 단어를 들으면 그 단어가 내게 스며드는 것처럼 느껴진다. 왜 그럴까? 그 단어의 뜻이 분명히 내 생각과는 다른데 말이다. 그 단어에는 나만의 울림이 있다. 나는 목소리에 특유의 결이 있다고 생각한다. 마치 나무에 나이테가 있는 것과 비슷하다. 이 점을 더 깊이 생각해 보자.

나이테는 숙련된 목수가 목재를 잘 가공해야 가구나 제품에 그 모습이 드러난다. 어떻게 보면 나이테는 그 자체로 나무다. 미켈란젤로는 돌덩어리를 보면서 돌 안에 이미 모양을 갖추고 있는 조각품을 보았다고 한다. 나무든 돌이든 그것으로 만들어질 작품은 누군가에게 발견되기를 기다리면서 이미 그 안에 존재하고 있다. 나무나 돌 안에 숨어 있는 작품을 발견하지 못한다면 그 존재는 그 안에 없는 것이다.

나는 목소리란 자신의 경험 속에서 발견할 수 있는 잠재적 질서라고 생각한다. 목소리를 찾아내려면 체계적인 노력이 필요하다. 하지만 마침내 그것을 찾아내면 낯설지 않다. 목소리에는 나무와 같은 온기가 있다. 목소리는 다정하다.

이런 의미로 나는 모든 단어가 자기만의 존재를 지닌다고 말한 것이다. 내가 선택한 단어들에는 고요한 친밀함이 있다. 나는 대부분의 단어를 잠재적 친구로 여기게 됐다. 하지만 단어들과 우정을 쌓는 것은 결코 빨리할 수 없는 일이다.

단어와 어떻게 친구가 될 수 있을까? 적합한 단어를 찾는다는 것은 그 단어를 아는 방식이 달라져야 함을 의미한다. 각각의 단어는 그 자체로 뚜렷하게 존재해야 한다.

단어가 존재감을 얻으려면 보는 것, 느끼는 것, 생각하는 것 이 세 가지 조건이 모두 필요하다. 살아 있는 존재, 그것에 대한 느낌, 그것에 대한 생각을 단어가 표현해야 한다. 이 세 가지 조건이 통합될 때 단어는 누군가의 삶으로 완벽하게 들어갈 수 있게 된다. 그리고 관찰과 느낌, 생각은 마침내 단어를 사용하는 사람에게 중요한 기준이 된다.

이 과정은 저울에 무게를 다는 것과 비슷하다. 단어에 대한 지식이 많아질수록 그 무게는 점점 무거워진다. 사람들이 글을 쓰면서 다시 시작하는 게 있다. 바로 아주 천천히 읽기다. 그들이 보는 단어의 무게가 읽는 속도를 늦춘다. 그리고 점차 단어를 선택하는 일에 자신의 기준이 생긴다. 한 사람이 몇몇 단어들에 친밀해지면 다른 사람들도 똑같이 친밀하게 그 단어들을 잘 알게 될 가능성이 생긴다. 단어에 감정을 담아 사용하면 단어에 대한 감정이 생긴다. 단어를 객관적으로 다루면 단어에 차가움이 생긴다. 차가운 단어를 활용하는 일은 과학적인 글에서나 바람직하다.

좋은 글은 부드럽다. 오렌지를 소재로 쓴 에세이나 얼굴에 푸른 흉터가 있는 광부에 대한 오웰의 글을 다시 생각해 보자. 두 경우 모두 물 흐르듯이 관찰이 느낌을 낳았고 느낌이 생각을 낳았다.

✦✦✦

관찰이라는 조건은 충족시키기가 쉬워 보인다. 어쨌든 웨스트버지니아에 있던 사람과 영국의 광산에 있던 조지 오웰은 모두 광산에서 나오는 광부들을 관찰할 수 있었으니 말이다. 하지만 웨스트버지니아 광산에서 본 것에는 문제가 있었다. 첫 번째 에세이에 있는 문장을 다시 살펴보자.

그들은 피곤해 보였다.

이 문장에는 세 개의 단어가 있다. 피곤해 보이는 광부들을 세 개의 단어로 단순하게 언급하는 것이다. 이러한 구조는 그들이 실제로 얼마나 피곤한지 의미를 축소하여 오해를 낳는다. "그들은"을 생각해 보자. "그들은" 당연히 광부다. 그들 모두가 하나로 합쳐져 묘사됐다. 날카로운 시각이 존재하지 않으며 광부를 단지 집단으로 여길 뿐이라는 것을 알 수 있다. 글쓴이는 광부가 개인이라는 인식이 없다. 그리고 이어지는 단어 "보였다"는 신뢰가 가지 않는 표현이다. "보였다"는 '~인 것 같다'는 의미로 사용되기도 하며 상황이 그렇지 않을 수도 있다는 느낌을 전달한다. 이 표현은 망설이는 느낌도 든다.

 이처럼 모호한 표현 때문에 첫 번째 단어 "그들은"이 지니는 의미가 더욱 희미해진다. "피곤"이라는 단어에만 최소한의 무언가가 들어 있다. 이 표현은 간단하고 생각을 자극하며 아마도 사실일 것이다. 세 단어 중 유일하게 의미가 깊어질 수 있는 단어이기도 하다. 단어 자체는 모호할지 모르지만 그 단어에는 더 많은 의미가 담겨 있다. 광부의 얼굴, 걸음걸이, 행동, 말투 이 모두가 표현이 안 되었어도 그 단어에서 유추할 수 있다. 단어를 언제나 이런 식으로 사용할 수 있는 건 아니다. 하지만 의미가 확장될 수 있는 단어를 찾아낸다면 매우 좋은 출발이 된다.

◆ ◆ ◆

 단어들은 한 번에 하나씩 다가온다. 진정으로 깊은 울림을 주는 몇 개의 단어로 짧게나마 좋은 문장을 만들 수 있다. "그들은 피곤해 보였다."라는 문장에서 그러한 울림을 줄 수 있는 단어는 틀림없이 "피곤"일 것이다. 그 안에는 피곤한 광부의 모습을 본 글쓴이의 경험이 담겨 있다. 이제 해야 할 일은

"피곤"처럼 의미가 담겨 있고 울림을 주는 정확한 단어를 사용해 관찰한 상황을 글로 끌어내는 것이다. 몇 개의 문장을 예로 제시한다. 첫 번째는 다음과 같다.

> 한 남자가 피곤한 모습으로 천천히 걸었다. 그는 추워 보였지만 땀을 흘리고 있었다.

이 문장에서는 단순한 대립이 감탄을 자아낸다. 광부는 추우면서도 덥다. 역설적인 말처럼 들리지만 땅 밑의 갱도는 한겨울에도 뜨겁다는 사실을 알게 된다. '피곤하다'라는 단어를 사용한 것 역시 눈길을 끈다. 이 단어는 고정된 불변의 모습이 아닌 동적인 모습을 묘사한다. 글쓴이가 다른 사람을 개인적으로 관찰하는 모습을 보여 주는 것도 달라진 점이다.

모든 광부는 추위 속에서 땀을 흘린다. 하지만 앞 문장의 글쓴이는 그 순간 단 한 명의 광부의 모습을 그렸다. 이것은 묘사를 더 많이 할 수 있는 가능성을 열어 준다. 단어를 복수의 형태보다는 단수의 형태로 사용할 때 훨씬 더 수월하게 풍부한 묘사를 할 수 있다. 글쓴이는 특수한 영역으로 진입하는 것이다. 이제 그 광부의 옷을 볼 수 있고 원한다면 그의 얼굴도 볼 수 있다.

다음은 두 번째 예다.

그의 눈에는 피곤이 쌓여 있었다. 몸에는 석탄 가루를 뒤집어썼다. 시커먼 얼룩으로 범벅이 된 팔과 다리는 겨울 혹한을 견디는 나무에 달린 시커먼 가지처럼 그의 몸에 매달려 있는 것 같았다.

직유법과 은유법은 독자를 실제적이고 구체적인 현실과 다소 멀어지게 하지만 그렇게 위험하지는 않다. 독자를 원래의 메시지로 다시 데려오는 것을 염두에 둔 기법이기 때문이다. "가지처럼"이라는 직유법이 약간 거리감을 만들지만 이미 구체성이 생긴 문장 속에 스며든다. 글쓴이의 시각에서는 "피곤"이라는 단어가 더 이상 보편적인 상황이 아니라 특수한 상황이 되었다. 이 점을 주목해 보자. 나무를 표현한 부분에서 직유법을 훌륭하게 사용한 점이 눈에 띈다. 이 기법은 독자의 마음을 잠시 광부에서 멀어지게 하지만 나무와 광부의 등가를 세우며 곧 광부에게 다시 주의를 돌리게 한다.

직유법의 '~처럼'은 '광부는 나무다.'라는 식으로 하나를 다른 하나에 매몰시키는 은유법을 피하며 두 사물의 등가가 잠정적임을 명확히 밝힌다. 간혹 은유법을 사용한 글을 읽다 보면 현실 세계로 돌아오는 데 상당한 시간이 걸린다. 그런 이유 때문에 현실성을 염두에 둔 소설가들은 은유법을 최소한으로 사용한다. 제인 오스틴을 비롯해 일부 작가는 은유법을 거의 사용하지 않는다.

예시 문장에서 글쓴이는 직유법으로만 묘사한다. 은유법보다는 직유법을 선택하는 것이 안전하다. 또한 직유법은 비교 가능한 범위 내에서 두 사물을 비교해 전혀 억지스럽지 않다. 실제로 겨울에 시커멓고 헐벗은 나무는 웨스트버지니아 광산 주변에서 쉽게 볼 수 있다. 예시 문장에서 비교는 광부를 풍경의 일부로 만드는 효과가 있다. 그렇기에 읽는 사람에게 비교에 등장하는 풍경을 떠올리도록 할 수 있다.

◆ ◆ ◆

단어에 존재감을 부여하는 두 번째 조건인 느낌은 관찰할 때의 느낌을 전제로 한다. 관찰에는 구체성이 있다. 느낌은 거기에 정서적인 면을 더한다.

느낌은 정직해야 한다. 누군가의 느낌은 그 사람만의 느낌이다. 글을 쓸 때 자신의 느낌을 다른 사람에게 투영하지 않으려고 해야 한다. 또한 다른 사람의 느낌을 내가 다 알고 있다고 가정해서도 안 된다. 물론 이렇게 자신의 감정을 남에게 투영하거나 다른 사람의 감정을 해석하는 것이 꼭 필요할 때가 있다. 특히 소설을 쓰는 작가들의 경우가 그렇다. 하지만 잘 쓰는 작가는 등장인물이 각각 자신의 감정만 온전히 느끼도록 글을 쓴다. 웨스트 라이딩의 광부를 본 오웰의 반응은 매우 인상적이다. 광부를 보고 생긴 감정이 온전히 자신의 감정임을 오웰이 알고 있기에 그런 묘사가 가능했던 것이다.

다음은 광산을 소재로 쓴 에세이에 감정을 담아 수정한 글이다.

> 나는 이미 지쳤다. 광산으로 가는 길은 도착하기 전부터 나를 지치게 했다. 큰 버스는 협소하고 구불구불한 산길을 지났다. 다소 무너진 흔적이 남은 골짜기를 지날 때마다 두려움이 느껴졌다. 그 골짜기들은 쓰레기 처리장 같았다. 찌그러진 금속과 쪼개진 나무가 가득했다.

여기서 누가 지쳤는지부터 보자. 글쓴이가 지쳤다. 또한 글쓴이는 다른 사람의 경험에 대해서는 추정하지 않았다. 자신이 개인적으로 본 것만 묘사한다. 그래도 관찰에 한계가 있다는 느낌은 없다. 이는 관찰하기 좋은 위치를 설정해서 글쓴이가 세상을 가까이 관찰하고 관찰한 대상에 감정을 반영할 수 있기 때문이다.

한 문장만으로도 우리는 글쓴이가 누구인지 많은 단서를 포착할 수 있다. 독자는 자신이 파악할 수 있는 단편적인 정보가 있는지 언제나 세심히 살핀다. 실제로 긴 문단을 보면 글쓴이가 누구인지, 글쓴이가 그 글에 왜 존재하는지 감을 잡을 수 있는 경우가 있다. 주로 암시를 통해 단서를 준다. 흔히 좋은 글은 그렇게 한다. 그런 글은 현실에 적절히 칠을 한다.

나는 좋은 글이란 나무로 만든 작품에 신중하게 페인트를 칠하는 것이라는 생각을 자주 한다. 이때 페인트는 너무 얇게 칠해져도 안 되고 너무 두껍게 칠해져도 안 된다. 나무의 결을 보여 줄 수 있을 정도로, 그것을 조금 드러낼 정도로 칠해야 한다. 너무 두껍게 칠하면 효과가 사라진다. 나무의 결을 가렸기에 나무가 아닌 페인트만 보인다. 페인트가 적절히 칠해진 문장은 너무 많은 말을 하지 않으면서도 충분한 메시지를 전달한다. 나무가 숨을 쉴 여지를 남기는 것이다.

◆ ◆ ◆

생각을 마지막으로 다루는 게 이상해 보일 수 있다. 많은 사람들은 글을 쓰면서 가장 먼저 하는 게 생각이라고 여긴다. 표면적으로는 그렇다고 볼 수 있다. 세 가지 글쓰기 조건 중 생각은 우리가 가장 많이 의식하는 조건이기는 하다. 뚜렷한 특징이 제일 많기 때문이다. 하지만 생각은 결코 단독으로 존재할 수 없다. 생각의 기저에는 생각을 이끌어 내는 관찰과 느낌이 크게 자리 잡고 있다. 이러한 많은 관찰과 느낌의 조각들이 자주 의식에서 사라지기에 생각이 가장 중요하다고 여기게 되는 것이다.

사실 우리는 실제로 보고 느낀 것을 아주 조금만 기억한다. 그것을 글로 적는 노력을 하지 않으면 기억의 대부분은 쉽게 잊히거나 단지 기억의 파편으로만 남는다. 그러니 자신의 경험에 대해 아주 사소한 것도 철저하게 접근하면서 글을 써 보아야 한다. 그래야 단어를 기폭제로 활용하여 무의식에 있는 관찰과 느낌을 완전한 의식의 세계로 끌어낼 수 있다. 자신이 보고 느낀 게 무엇인지 알아야 자신의 생각을 파악하게 된다.

  이 과정에서 생각에 대한 주인 의식이 생긴다. 이러한 주인 의식은 초보 작가들에게는 결여되어 있다. 우리는 글을 읽으면서 어떤 장면에 특정 생각을 억지로 부여한다기보다 그 장면을 보면 특정 생각이 떠오른다는 느낌을 받는다. 그 생각은 그 장면을 자신만의 감정으로 표현하기 때문이다.

  광산을 소재로 쓴 에세이로 돌아가 보자. 다음은 생각에 뿌리를 두고 시작하는 글이다.

> 나는 언젠가 광산이 무너질 거라고 생각했다. 하지만 수십 킬로미터 떨어진 곳까지 잔해가 퍼질 것이라고는 전혀 예상하지 못했다. 땅은 지쳐 있었다. 아니, 탈진해 있었다.

글쓴이는 글 말미에서 '지쳤다'는 표현을 사용하면서 그 단어에 주의를 집중시킨다. 그 상황이 이미 지나간 과거의 상황이라면 땅이 지쳤다고 표현하기에는 좀 부족한 느낌이 든다. 그 상황을 곰곰이 생각하면 더 생생한 단어가 떠오른다. 바로 탈진이다. 글쓴이는 정확한 단어를 골라냈다.

  웨스트버지니아의 광산촌은 탈진한 땅이다. 선탄장과 광

산은 대부분 버려졌다. 글쓴이는 선명한 단어 하나로 자신이 본 가혹한 현실에 도달했다. 그로 인해 에세이는 바로 다음 문장에서 생각을 완성하는 방향으로 흘러간다.

> 이상하게도 나는 그 광경을 보고 자동차로 뉴욕에 갈 때마다 지나치는 뉴저지 미도우랜즈가 떠올랐다. 그곳은 산업화의 어두운 그림자가 드리워진 지친 곳이었다. 이제 나는 알게 되었다. 미도우랜즈의 탈진을 필요로 하는 뉴욕의 치밀함을 이해한 것이다. 또한 미도우랜즈와 뉴욕 이 두 곳 모두에게 웨스트버지니아는 꼭 필요하다. 웨스트버지니아는 호퍼에 석탄을 가득 담아 뉴저지의 유료 고속도로에 늘어선 선로를 따라가며 굶주린 발전소에 먹이를 공급한다.

이 글은 모든 걸 충족하고 있다. 본 경험, 본 것에 대한 약간의 충격, 그것에 대한 명확한 생각. 이 셋의 결합에 주목해 보자. 이 세 가지 조건은 각각 불완전하다. 부분적인 관찰이며 부분적인 느낌이고 부분적인 생각이다. 하지만 "굶주린"이라는 한 단어에 그 셋이 다 담겨 있다. 이는 통일성을 주고 글쓴이는 그 단어를 다양한 방향으로 전개할 수 있다. 얽히고

설킨 결합은 각각 이어지는 문장으로 확장될 수 있다.

또한 여기서 '지치다'라는 표현이 어떻게 사용되었는지 보자. 그것은 글쓴이가 풍경을 바라볼 때 생기는 감정적 요소가 된다. 또한 생각을 확장시키는 두 개의 단어 중 첫 번째 단어다. '지치다'라는 표현이 '탈진하다'라는 느낌으로 이어지고 있기 때문이다. 관찰이 느낌이 되고, 느낌이 생각이 되는 것이다.

・・・

앞서 나는 단어에 나름의 존재감이 있다고 했다. 이제 더 정확하게 말해 보려 한다. 단어에는 관찰과 느낌, 생각이 담겨 있다. 그리고 그것이 하나로 담긴 단어는 존재감이 생긴다. 관찰과 느낌, 생각이 담긴 단어는 반향을 불러일으킨다. 단어에 존재감이 인식되는 이유는 독자가 단어 속에 숨어 있는 그 세 가지를 느끼기 때문이다. '지치다'라는 단어는 본 것이 되고, 느낀 것이 되며, 생각한 것이 된다.

물론 내가 말한 방식으로 단어에 존재감을 불어넣는 요소를 언제나 파악할 수 있는 것은 아니다. 여러 강도를 가진 단어를 다양하게 다루어 봐야 관찰과 느낌, 생각이 통합된 단어의 존재감을 발견하게 된다. 글을 쓰는 사람은 단어가 이끄는 곳이 어디인지 정확하게 알지 못해도 그 단어가 이끄는 곳으로 나아가게 된다. 이런 현상을 앞의 글에서 볼 수 있다. '지치다' 같은 평범한 단어가 확장에 확장을 거듭하며 의미를 만들어 냈다.

글을 쓰는 사람은 정확하고 솔직한 묘사를 할 뿐 아니라 모호함이 있는 직유법과 은유법도 모두 사용하게 된다. 또 최종적으로 선택한 단어가 사전적 정의와 전혀 상관없을지 모른다. 하지만 그런 단어는 여러 의미를 자유롭게 넘나든다. 그렇게 되면 단어와 친밀해진다. 그러면 그 단어가 지시하는 대상을 독자도 느끼게 된다. 단어와 거리감이 사라지고 마침내 친구가 되는 것이다.

personal storytelling

3장

긴 문장을
화려하게 쓸 필요는 없다

좋은 문장은 어느새 스며들어
잊히지 않는다

TIP

1. 편안하게 읽히는 글을 쓰기
2. 정확하고 솔직하게 묘사하기
3. 글을 잘 쓰려는 부담감을 버리기
4. 주관적으로 관찰해서 글을 작성하기
5. 예리한 시각에 따뜻한 감정을 입히기

　단어를 발견하고 그것에 생명을 불어넣어 자유롭게 흘러가도록 하는 것. 이는 글쓰기의 심오한 활동이다. 어떤 단어가 다른 사람에게는 아무 의미가 없어도 내게는 특별한 의미를 가졌을 수 있다. 예를 들어 내게 중요한 의미를 가진 '목소리'라는 단어를 보자. 그것을 단순히 종이에 적기만 하면 읽는 사람은 내가 생각하는 목소리의 모든 의미를 이해하지 못할 것이다.

　단어의 의미와 그 이면에 있는 느낌까지 전달하려면 문장이 필요하다. 단어는 의미를 담고 문장은 그것을 '전달한다'.

글을 쓰면서 어떤 단어에 관찰과 느낌의 울림이 있음을 본인은 느낄 수 있다. 하지만 그것을 문장에 담아야만 그 관찰과 느낌을 다른 사람들에게도 전달할 수 있다. 그래서 문장은 감정을 구성하는 단위라고 할 수 있다.

단어 그 자체는 자신에게만 영향력이 있을 뿐 다른 사물에는 영향을 주지 않는다. 단어에 동작을 설정하고 생기를 불어넣는 것이 문장이다. 단어에 생기를 효과적으로 불어넣으려면 각각의 단어는 글쓴이에게 울림을 주는 나름의 존재감을 지녀야 한다. 하지만 좋은 문장은 거기서 그치지 않는다. 단어에 존재감을 만들어 주는 동시에 생각의 더 큰 실체인 문단으로 나아갈 수 있도록 해 준다.

・・・

문장에는 존재하는 방식이 있다. 어떤 소리를 듣는 것과 비슷하다. 그런데 멀리서가 아니라 집 안에서 들리는 것처럼 듣는 것이다. 여기서 '집 안'에서 들리는 것 같다는 말이 핵심이다. 그것은 글쓴이가 자신이 쓰는 글에 몰입해 살고 있음을 의미한다. 글쓴이는 그 세계에서 여기저기 편안하게 떠돈다.

그것은 깊은 친밀감이 있어야 가능하다. 이 친밀감은 어떤 사물을 세밀하게 이해할 때만 생긴다. 다만 그러한 이해는 잠정적이다. 본 것이 정확한지 자주 점검해야 하기 때문이다. 잠정적인 이해를 해서 문장을 적은 경우 무언가를 이해했다기보다 그것을 이해하려고 노력한다는 분위기를 풍긴다.

어떤 경우에는 문장에 모든 게 다 갖춰졌다는 느낌이 들 수도 있다. 하지만 이때 생소하고 신기한 느낌은 사라지지 않았다고 해 보자. 이 경우 마치 글쓴이가 글의 세계에 빠져 집에 있는 듯 편안함을 느끼면서도 놀라움이라는 감정을 계속 간직하는 듯하다.

문장을 이런 식으로 사용하는 것은 글에 가려진 글쓴이의 존재와 관련 있다. 글과 글쓴이는 완전히 별개라는 말을 나는 한 번도 믿어 본 적이 없다. 찰스 디킨스의 소설을 읽으면 항상 그가 지휘대에서 지휘를 한다는 느낌이 든다. 마크 트웨인의 소설을 보면 그가 내 어깨 위에 앉아 농담을 던진다는 느낌이 든다. 헨리 제임스의 소설을 읽다 보면 그가 비슷한 말을 이리저리 돌려서 길게 쓰고 있다는 느낌을 받는다. 심지어 나는 호메로스가 과연 어떤 존재인지 궁금증을 품으며 그의 소설을 읽는다. 이는 그들이 쓴 문장들이 뚜렷하게 자기의 존재를 내보이기 때문이다.

　작가는 관찰자로서의 자신을 완전히 지우지 않고 관찰한다. 하지만 우리는 관찰은 객관적으로 해야 한다고 자주 들어서 주관적으로는 관찰을 잘 하지 않으려 한다. 그러다 보니 못하기도 하고 말이다. 사실 주관적으로 관찰해야 문장에 확실하게 존재감을 부여해 줄 수 있다.

　문장을 말하면서 비언어적인 요소를 강조하는 게 다소 이해가 안 될지 모르겠다. 하지만 주관적인 감정적 요소는 직접적으로 표현되지 않아도 글쓰기에서, 특히 자기소개서에서 대단히 중요한 역할을 한다. 입학사정관이나 인사 담당자가 글쓴이를 느낄 수 있기 때문이다. 입학사정관이나 인사 담당자가 어떤 '느낌'으로 지원자를 판단해 합격이나 불합격을 결정하는 경우를 여러 번 봤다. 나는 그런 느낌을 전달하는 책임이 본인의 손에 달렸다고 생각한다.

　각 문장이 뚜렷하게 존재를 내보일 때 입학사정관이나 인사 담당자가 지원자를 인식하게 된다. 이러한 글쓴이의 존재감은 학업 성적이나 지능이 뛰어나다고 해서 잘 나타나는 게 아니다. 독자가 글쓴이와 함께 공통의 관심사를 탐구하는 일에 투자를 하게 되면 글쓴이의 존재감은 커진다. 독자가 문장

속 글쓴이의 생각이 마치 자신의 생각인 듯 자각이 확장됨을 느끼며 문장의 당사자가 되도록 해야 한다. 그래야 문장이 완전히 받아들여지고 흡수된다. 그렇게 되면 독자는 글쓴이를 신뢰하며 문장을 넘어 문장 속에 있는 생각을 같이하거나 문장이 이끄는 방향으로 나아간다.

  앞으로 나아가도록 하는 힘이 바로 문장에서 받는 느낌이다. 좋은 문장은 글쓴이의 정체성을 만들고 유지한다. 그러한 문장이 지닌 가치를 알려면 문장을 잘 관찰해야 한다. 이제 그 점을 더 살펴보자.

◆ ◆ ◆

  문장은 독자가 연속적으로 배열되어 있는 단어를 자연스럽게 통과하도록 해야 한다. 문장에는 단어가 배열되어 생기는 특정한 무게감이 있다. 관찰과 느낌, 생각을 얼마나 담느냐에 따라 문장은 무거워질 수도 있고 가벼워질 수도 있다. 그런 요소를 문장에 많이 담으려고 할수록 문장의 무게는 무거워진다. 그러면 독자가 그것을 통과해 다음 문장으로 이동하는 게 더 어려워진다. 이런 현상이 단순한 길이의 문제는 아니다. 추상적인 생각을 지나치게 단순화하면 그 길이가 짧아도 긴 문장만큼 이해하기 어려울 수 있다.

좋은 문장을 쓰려면 훈련을 해야 한다. 꼭 필요한 요소만 취하고 문장에 군더더기가 너무 많이 생기기 전에 다음 문장으로 넘어가야 한다. 대부분의 문장은 보는 것이나 느끼는 것을 담는다. 생각하는 것을 담기도 한다.

많은 사람들이 관찰한 것은 잘 묘사한다. 하지만 자신의 느낌과 생각은 암시만 하고 마는 경우가 많다. 관찰과 느낌, 생각을 동시에 모두 담은 문장은 대개 그다음 문장으로 확장된다. 세 가지 요소가 모두 담긴 문장은 세심하게 신경을 써야 만들어진다.

앞장에서 살펴본 '굶주리다'라는 단어를 생각해 보자. 이 단어가 효과적이었던 것은 이미 앞에 나온 문장들 속에서 이 단어의 다양한 의미를 추측할 수 있었기 때문이다. 이러한 면에서 대부분의 문장은 준비 작업을 한다. 보조 용언이 본용언을 지원하는 것처럼 실제로 대부분의 문장이 핵심 문장을 만들어 내는 데 도움을 준다.

글쓰기를 처음 배우는 사람들은 대부분 문장을 만드는 일에 매우 서툴다. 그렇지만 그들은 자신이 문장을 잘 쓴다고 생각한다. 글을 써서 칭찬을 받아 본 사람들이 주로 그렇다. 그 사람들에게 글을 잘 쓰는 법을 가르치려면 우선 문장을 아주 간단하게 쓰는 법부터 알려 줘야 한다. 좋은 문장은 조금 길게 써도 괜찮지만 나쁜 문장은 버려야 한다.

글을 잘 쓴다는 것이 모든 게 완벽해야 한다는 뜻은 아니다. '충분히 좋은' 글감을 채굴해 그 글감을 통해 명확함에 이르는 것이다. 광산을 소재로 한 첫 번째 에세이가 완전히 나쁜 건 아니며 오렌지를 소재로 한 두 번째 에세이가 완전히 좋은 것도 아니다. 하지만 그 둘에는 뚜렷한 차이점이 있다.

문장을 매우 다르게 전개하는 두 명의 글을 살펴보자. 다음 글은 두 명의 에세이에서 각각 뽑은 대표적인 문장이다.

1) 사회 정의는 우리가 올라가야 하는 산이다.

2) 나는 열여섯 살 때까지 과학 박물관에 가 보지 못했다. 아버지는 간판 칠장이였다. 돌멩이에 작은 동물을 그려 판매하기도 했다. 그런 아버지는 내가 암석에 관심이 있는 것을 알고 언젠가 박물관에 데려가겠다고 늘 말씀하셨다.

첫 번째 글에서는 두 가지를 살펴봐야 한다. 하나는 "사회 정의"라는 당연하고 누구나 인정하는 사상이다. 또 하나는 "올라가야 하는 산"이라는 표현이다. 이 말은 일반적으로 사용되는 표현이지만 진부하기도 하고 언뜻 봤을 때 설교하는 듯하다. 또 너무 모호해서 진정한 교훈은 전달하지 못한다.

이 표현은 이미 의미가 굳어져 있다. 강조하고자 하는 것을 바꾸지 않되 다른 표현을 넣을 수도 있었을 것이다. '사회 정의는 가파른 벽이다.'라거나 '압제는 옮겨지는 언덕이다.'라는 식으로 말이다. 어떤 표현이 이미 자리를 잡으면 자유롭게 다른 표현을 추가할 수 없다. 그리고 그것은 그런 문장을 만드는 사람의 문제가 된다.

첫 번째 글을 쓴 글쓴이를 포함해 일부 사람들은 보편적으로 받아들여지는 사상이나 표현을 사용하는 경우가 많다. 이는 주로 진부한 느낌이 들어 직접 경험한 일을 적었다고 해도 감정이 제거된다. 기존에 있는 글에 담긴 언어는 마치 기계처럼 문장을 장악하기 때문에 보고 느끼고 생각하는 것이 사라지고 만다. 표현이나 어조를 약간 다르게 해서 진부하다는 느낌을 지우려고 할지 모르지만 그렇게 해도 기계적인 느낌, 어디서 본 것 같은 느낌이 있기는 마찬가지다.

첫 번째 글에서 글쓴이는 문장을 직접 만들지 않았다. 그러한 글에는 견고한 기준도 없기 때문에 독자는 전에 어디선가 본 듯한 느낌을 받으며 읽을 가능성이 있다. 언어를 잘 다루려면 글을 쓰는 사람의 언어 감각이 매우 중요한데 이 글에서는 그 감각이 없기 때문이다. 결국 독자는 무의식적으로 산에 대한 이미지를 부정적으로 바꾸게 된다.

두 번째 글은 단순하게 표현한다. '나'는 많은 내용을 언급하지 않기 때문에 글쓴이의 출신을 추측할 수 없다. 처음에는 평범한 어린 시절을 암시한다. 하지만 독자는 나중에 글쓴이가 평범하게 자라지 않았음을 알게 될지 모른다. 글쓴이는 어쩌면 부유한 집안에서 자랐을 수 있으며 문화생활에 큰 비중을 두지 않았을 수도 있다. 그런 경우 전개되는 스토리는 매우 달라지겠지만 계속 흥미가 유지된다.

여기서 글쓴이의 아버지는 "돌멩이에 작은 동물"을 그리는 간판 칠장이로 설명됐다. 이렇게 구체적인 표현은 독자가 현실을 온전히 맛보게 한다. 이러한 이미지는 보통 감상적이면서도 현실적이다. 그리고 인간미가 있다. 게다가 많은 사람의 공감을 얻을 수도 있다. 물론 이러한 구체적인 표현 형태는 범위를 확장해 서술하거나 깊이를 더할 수는 없다. 그렇지만 글쓴이는 감상적인 기법을 비판하려고 내용을 자세히 쓴 게 아니다. 오히려 자세하게 서술해 자신의 아버지가 어떤 사람인지 보여 준다.

아버지는 포부가 있는 사람이었다. 그는 생계를 위해 간판에 페인트칠을 하지만 예술을 시도했다. 아버지는 아이를 박물관에 데려가고 싶어 하지만 아마 그럴 만한 여유가 없었을 것이다. 글쓴이는 아버지가 순진하다거나 그의 예술이 별로라고 말하면서 아버지와 거리를 두지 않았다. 그저 담담하게 사실을 이야기할 뿐이다.

독자는 이야기에 있는 작은 단서를 이해하는 데 익숙하다. 작은 단서를 연결하고 빈 부분이 있으면 스스로 채워 넣는다. 이러한 문장은 독자를 끌어들여 상상력을 펼치게 하기 때문에 효과적이다. 그렇기에 훌륭한 작가는 독자의 상상력을 활용한다. 사소한 요소, 세부적인 것들을 적절한 곳에 넣어 준다. 그러면 독자는 단순히 메시지를 전달받는 대상이 되는 게 아니라 글의 세계로 들어와 작가와 함께 책을 읽어 나가는 동반자가 된다.

첫 번째 글과 두 번째 글은 철저히 다른 방식으로 만들어졌다. 첫 번째 글은 관찰되고, 두 번째 글은 관찰한다. 관찰하는 글은 사람을 관찰하는 것에서 시작한다. 관찰되는 글은 다른 사람들이 이미 여러 번 관찰한 글이다. 그러한 글은 이미 여러 번 사용된 문장을 사용하는 경우가 많다. 다른 사람들 역시 같은 메시지를 전달하고자 할 때 그러한 글을 사용할지 모른다.

누군가 이미 한 말을 왜 자신의 문장에 가져다 쓸까? 나는 이 질문에 답을 얻기 위해 아주 오랫동안 고민하다 깨달았다. 찰나의 세상을 경험하지 못한 작가는 그것을 어떻게 표현해야 할지 자각하지 못하는 경향이 있다. 그럼 이러한 경우 어떻게 해야 할까? 그냥 모른다고 말해야 한다. 특정 순간을 온전히 보고 느끼지 못했다고, 그래서 어떤 생각을 끌어내지 못했다고 솔직히 말하는 게 좋다. 그러면 모든 게 외부에 그대로 남아 있게 된다.

사실 어떤 순간에 겪은 경험을 어떻게 표현할지 알아채는 게 쉬운 일은 아니다. 이후에 살펴볼 몇 가지 사례가 도움이 될 것이다. 사람들이 경험을 받아들여 내적으로 자각해야 한다고 인식하지 못하는 글인 경우 일반적인 생각과 표현을 무의식적으로 재구성한 문장을 썼을 가능성이 크다. 따라서 아주 특별한 사건을 기준으로 삼아야 한다. 그러니까 필요한 경우 반복적으로 되새겨 더 많은 정보를 찾을 수 있는 사건을 가지고 있어야 한다는 것이다. 그러한 사건에서 최초로 한 경험이 최상의 경험이 아닐 수도 있다. 하지만 그 사건을 되새겨 보면 그 경험이 선명하게 모습을 드러낸다.

이런 현상이 다음에 소개하는 오렌지를 소재로 쓴 에세이에서 나타난다. 어떤 경험이 '발생하고' 글쓴이는 그 경험을 기록으로 이어 나간다.

> 어머니가 준 칼은 무뎠다. 그래서 주방으로 가 서랍 안에 있는 예리한 칼을 꺼내 오렌지를 잘랐다.
>
> 그때 내가 본 것을 잘 표현할 수 있으면 좋겠다. 하지만 너무 순간적이었고 그렇게 순간적으로 관찰한 것도 그냥 내 생각이었다. 잘린 오렌지는 초승달 모양이 됐다. 약간의 과즙이 배어 나왔고 과즙이 초승달 모양의 오렌지를 덮으며 세 개나 네 개의 웅덩이를 만들었다. 그 웅덩이들은 일본 열도를 이루는 섬처럼 보였다.

이 글에서 우리가 처음 받는 인상은 글쓴이가 자신이 자각한 것에 기본적인 믿음을 지니고 있다는 점이다. 글쓴이는 결코 전해 들은 이야기를 강조하지 않는다. 이런 의미에서 자기소개서의 주제는 '나'여야 한다. 경험이 부족한 사람이 1인칭 시점에서 벗어난 글을 쓰는 것은 위험하다. '나'가 주제와 관련된 상황에 있지 않더라도 자기소개서에는 '나'가 반드시 존재해야 한다. '나'는 실제로 문장 어디에든 존재할 수 있으며 아무 데도 없을 수 있다. 오웰의 《카탈로니아 찬가 Homage to Catalonia》에 있는 글을 살펴보자.

> 나는 총을 거의 쏘지 않았다. 그 끔찍한 것이 마구 발사되는 게 너무 무서웠다. …… 우리에게 철모는 있었지만 리볼버나 피스톨은 없었다. 다섯 명에서 열 명 정도였던 우리에게는 오직 수류탄 한 개뿐이었다. 이번에 사용하는 수류탄은 'F.A.I 수류탄'으로 알려진 치명적인 무기였다. 전쟁 초기에 무정부주의자들이 만든 것이었다. 밀스 수류탄 기법으로 만든 무기지만 레버는 핀이 아니라 테이프 조각으로 잠겨 있다.

이 글의 처음에는 '나'가 명확하게 존재한다. 오웰은 자신의 총을 두려워한다. 다음으로는 '나'라는 지배적인 틀 안에서 인식이 계속되지만 점차 자신을 장비가 허술한 군인들인

'우리'라는 작은 집단의 구성원으로 표현해 '나'를 확장한다. 그다음에는 '나'도 '우리'도 등장하지 않는다. 그저 눈앞에 있는 자신의 무기를 보며 생각나는 것을 설명한다. 마지막 문장에서 독자는 '나'와 거리감을 느낄지 모른다. 하지만 "핀이 아니라 테이프 조각으로" 잠겨 있는 레버 같은 작은 단서를 통해 그 현장을 가까운 곳에서 자세하게 들여다보고 있다는 느낌을 받는다.

자기소개서의 모든 문장은 '나'라는 축을 중심으로 쓰여야 한다. 개인에 대한 단서가 없는 문장은 어디로 향할지 모르기 때문이다. 광산을 소재로 쓴 에세이의 초안 뒷부분을 더 검토해 보자.

> 나는 석탄 가루로 얼굴이 더러워진 광부를 보고 미국의 백인이나 흑인, 이성애자나 동성애자, 관리자나 노동자 모두를 위해 사회 정의가 어떻게 실현되어야 하는지 고민하며 변화에 대한 사회적 의지는 국민이 움직여 바꿔 나가야 한다는 생각을 했다.

얼마나 긴 문장인가. 긴 문장은 핵심에서 벗어나곤 한다.

노련한 작가가 긴 문장을 쓰면 아름다울 수도 있다. 하지만 자기소개서를 처음 쓰거나 두세 번밖에 안 써 본 사람들은 대부분 길면서 유려한 글을 쓰지 못한다. 이 문장의 중심은 1인칭 시점으로 관찰하는 글쓴이다. 하지만 문장이 길어지면서 의미가 모호해진다. 명료하지 못한데 길이가 길기까지 하면 최악의 문장이 된다. 앞의 문장처럼 군더더기가 많고 늘어지는 것이다.

나는 사람들에게 문법의 핵심, 즉 문장은 주어, 동사, 목적어로 구성되어 있음을 기억하라고 말한다. 주어는 행위의 주체이며 동사는 행위이고 목적어는 행위의 대상이다. 이를 잘 기억하면 간단한 문장도 훌륭하게 표현해 낼 수 있다. 만일 문장을 수정할 때 긴 문장은 일단 다음과 같이 나눌 수 있다.

나는 석탄 가루로 얼굴이 더러워진 광부를 보았다. 미국의 백인이나 흑인, 이성애자나 동성애자, 관리자나 노동자 모두를 위해 사회 정의가 실현되어야 한다. 변화에 대한 사회적 의지는 국민이 움직여 바꿔 나가야 할 것이다.

문장이 나뉘었다. 그리고 나니 연결이 어색하긴 하지만 문장의 의미는 알 수 있게 된다. 이런 방법은 대개 글이 시작할 때 가능하다. 글의 시작은 관찰한 내용을 전달하기 때문이다. 글이 흘러가면 주장이 있어야 하며 신념이 담겨야 한다.

  앞의 글에서 광부의 더러워진 얼굴을 관찰한 문장은 그 자체로는 괜찮다. 하지만 그 뒤로 진부한 문장이 이어진다. 그 문장에는 새로운 것이 전혀 없다. 게다가 오웰이 광산에서 본 푸른 흉터처럼 광부를 면밀하게 관찰한 것도 아니다. 글에 담긴 생각 또한 글쓴이의 막연한 바람을 틀에 박힌 형태로 나열한 것이다. 그것은 광부의 진정한 현실과 연결되지 않는다.

  문장을 단순하게 쓰는 훈련을 하면 자신도 모르게 길게 늘여 쓰는 것을 방지할 수 있다. 문장이 길어질수록 비문이 되거나 이해하기 어려운 글이 되기 때문에 긴 문장은 좋지 않다. 이 말이 성급한 결론은 아니다. 문장이 길어지면 생기를 잃고 문장의 무게감에 끌려가기 때문이다. 하지만 글에 있는 '나'는 다르다. 결코 생명력을 잃지 않아야 한다. '나'의 존재는 새로운 활력을 주며 글쓴이가 개인적으로 겪은 경험을 바탕으로 글을 쓸 수 있도록 해야 한다. 앞의 글에 이어지는 문장이 더 있다.

나는 사회 정의가 실현되도록 할 계획이다.

 이 문장은 터무니없는 과장이다.

 사실 사람들에게 문법을 처음부터 가르칠 필요는 없다. 그들에게 가르쳐야 하는 것은 과장하지 않는 글쓰기다. 사람들은 단어를 배워 가면서 단어의 힘을 느끼고 그것을 문장에 쓰기 시작한다. 단어를 무게감 있게 사용하기도 하고 알맞게 사용하지 않은 문장을 만들기도 한다. 앞의 글쓴이가 "정의"라는 단어를 사용한 것처럼 말이다. 이 문장의 문제점은 서툰 글솜씨가 아니다. 자신의 권한을 지나치게 과장했다. 그것이 문제다.

 이 문장에서는 무언가를 이루고 싶다는 갈망과 그것의 달성을 같은 선상에 놓고 있다. 의도와 행위를 혼동하는 것이다. 그러면 행위 그 자체가 차단되어 앞으로 어떤 행동을 할 것인지 더 이상 생각할 수 없다.

 '무엇이 되도록 할 계획이다.'라는 표현에서는 글쓴이가 자신의 실행력을 지나치게 과대평가한다는 점을 볼 수 있다. 이러한 형식적인 주장은 수동형으로 표현된 '사회 정의가 실현되도록 하겠다.'라는 계획 때문에 즉시 설득력을 잃는다. 수

동형으로 표현된 그 문장 이면에는 글쓴이가 언어로 주장하는 것 말고는 사회 정의를 이뤄 낼 능력이 없음을 알고 있다는 의미가 숨어 있다.

사실 그 문장에는 전능한 힘에 대한 소망이 은밀히 감춰져 있다. '사회 정의' 같은 멋진 신념을 지닌 힘, 보호를 받을 수 있는 무한한 힘에 대한 소망이 그 문장에 숨어 있는 것이다. 여기서 언어는 중요하고 비인격적인 힘을 개인적인 힘으로 만드는 것 말고는 하는 역할이 없다. 하지만 글을 쓸 때는 글쓴이가 오직 한 명의 사람이며 자신이 하나의 존재일 뿐임을 인식하며 써야 한다. 다음 글을 통해 몇 가지를 생각해 보자.

<blockquote>우리는 비행기를 타고 집으로 향한다. 기내에는 미혼의 학교 교사로 보이는 몸집이 큰 여성이 있다. 그녀는 은빛 머리를 찰랑거리며 작은 가방에서 유리로 조각된 동물을 꺼낸다. 베네치아에서 산 10여 개의 조각을 한 개씩 포장을 풀어 조명에 비춰 본다.

― 존 치버</blockquote>

이 문장은 관찰하는 문장이다. 실제 상황을 가까이서 보고 있다. 기내에 있는 여성은 혼자 여행하며 베네치아에서 산 기념품을 살펴본다. 존 치버는 그녀를 그저 미혼으로 묘사한다. 하지만 그녀가 기념품을 얼마나 소중하게 다루는지 보여주어 그녀가 어떤 상태인지 상상하도록 한다. '찰랑거리는 은빛 머리'라는 사랑스러운 이미지는 이를 아주 부드럽게 담아낸다.

> 나는 즐거운 일을 많이 하고 있다. 매우 바쁘지만 행복하다. 지금 나에게는 시간이 더 필요하다. 하지만 리치먼드에 사는 많은 여성들은 그런 말을 할 수 없겠지. 네사와 나는 같이 포장지를 만들고 있다. 그녀는 디자인을 하고 나는 색칠을 한다.
>
> ― 버지니아 울프

이 글은 버지니아 울프의 《일기 Diary》에서 발췌한 구절이다. 여기서는 감정이 절정을 이루는 문장을 볼 수 있다. 하지만 어떻게 그 감정이 나왔는지부터 살펴보자. 이 글에서 세부적인 정보는 끝에 나온다. 무게 중심은 감정에서 생각으로 옮겨진다. 이 생각은 결코 추상적이지 않다. 그녀는 시간이 필요하다는 생각이 들자마자 리치먼드에 사는 많은 여성들을 떠올린다. 그리고 곧 그들이 불행한 노동을 하며 만족스럽지 못한 일을 하고 있다고 생각한다. 다음 글을 보자.

수용자가 되고 싶은 사람은 없다. 당신도 거기에 있을 이유가 없다. 윌리엄 홀든은 거기서 빠져나온다. 콰이강에서는 수백 명의 수용자가 탈옥을 시도했지만 그들 대부분이 죽임을 당했다. 그렇지 않더라도 탈옥에 성공한 사람은 한 명도 없다.

— 이안 와트

여기서는 생각이 이루어지고 있다. 문장들이 솔직해서 힘차다. 이 글은 〈신화, 콰이강의 다리 The Bridge on the River Kwai as Myth〉라는 에세이에서 가져왔다.

이안 와트는 제2차 세계 대전 때 일본에 포로로 잡혀 다리를 건설하는 데 동원됐다. 나는 스탠퍼드 대학교에서 조지프 콘래드의 소설을 주제로 열린 와트의 강연을 들었다. 그는 다른 연설이 부정확하다고 생각하는지 다른 연사의 연설을 듣는 것을 괴로워했다. 와트는 쉽사리 말을 꺼내지 못했다. 그에게는 그 연설이 무척이나 중요해 보였다. 그는 연설에 사용하는 한 마디 한 마디의 말을 신중하게 골랐다.

와트의 글에는 단어 하나하나를 골라낸 그 연설이 담겨 있다. 그는 상황이 너무 확실해 '침묵할 수 없는' 광경을 목격했기에 글을 썼다. 와트에게는 관찰과 느낌, 생각이 통합된 순간이 명확했다. 자신은 명확하게 봤지만 주변 사람들은 제대로 보지 못한 것을, 그들의 인식을 글을 통해 바로잡아 주는 것 같았다.

틀릴 가능성이 있는 곳에서 나는 거의 틀린다는 것을 알게 되었다.

― 조지 오웰

이 말은 내가 좋아하는 완벽한 진리를 담은 명언이며 내 책상에 붙어 있다.

❖ ❖ ❖

틀릴 가능성이 있는 문장이 펼치는 주장은 겸손하다. 완벽한 권한을 가지고 움직이는 사회 정의 같은 딴 세상의 잣대는 없다. 우리가 사는 현실에서는 행동이 제약되고 계획이 불완전하다. 이 세계에 사는 작가는 자신의 주장을 사람들에게 설명할 수 있기를 거의 기대하지 않는다. 그들은 자신이 볼 수 있는 것만 다른 이들이 보길 바랄 뿐이다. 그들은 자신이 보는 것이 얼마나 부정확한지 알면서도 서툴게 관찰한 내용을 글에 담는다. 보편적으로 타당한 말을 하기보다 솔직하게 진술하고자 하기 때문이다. 약간의 제약이 있는 상태에서 결론에 이르더라도 그 결론은 어떤 지식에 닿을 수 있다.

작가는 그 지식을 근거로 생겨나는 진실을 담담하게 전한다. 그들은 자신의 관찰력을 과대평가하지 않는다. 오히려 관찰을 왜 시작하게 되었는지 실제 경험을 거듭 곱씹는다. 그들은 성숙한 관찰력을 가지고 있다. 그것이 글쓰기와는 전혀 관련 없는 경우도 있지만 글쓰기를 통해 그러한 관찰력을 키울 수 있다는 점은 확실하다.

자기소개서를 잘 쓰는 사람은 대부분 지적으로 성숙한 사람이다. 하지만 이것이 머리가 똑똑한 것을 말하는 건 아니다. 지적으로 성숙한 사람은 경험을 받아들일 때 경험 자체로 받아들이지 않는다. 경험을 해석할 영역을 확장한다. 그리고 경험을 마주하게 되는 첫 순간에는 상당한 혼란을 겪는다. 그래서 사소한 경험을 강렬한 글로 시작하는 게 가능하다. 경험이 출발점을 제공하기 때문이다.

그들은 글을 쓸 때 언어를 대충 고르거나 포괄적인 용어로 표현하지 않는다. 그런 포괄적인 용어로 표현된 사례로 광산을 소재로 쓴 에세이를 보면 된다. 나는 그 에세이를 쓴 글쓴이에게 언어가 경험으로 스며드는 방법을 알려 주었다. 얼마나 소통이 되지 않는 문장인지 설명해 주면서 말이다.

좋은 문장은 목표가 겸손하다. 글쓴이가 작은 존재임을 인정한다. 그러면서도 그 사실에 완전히 굴복하지 않는다. 좋은 문장은 그 자체가 현실에 맞도록 바뀐다. 현실을 알기 위해 노력하며 본 것과 상반된 느낌과 생각을 끊임없이 점검한다. 놓치는 것을 최소화하려고 거듭해서 보고 또 본다.

좋은 문장은 참을성이 있다. 지금 있는 곳, '여기', '집'에서 시작한다. 살고 있는 곳을 본 내용, 살고 있는 곳을 본 내용에 대한 느낌, 즉 살고 있는 곳을 보고 느낀 점에 대한 생각에서 출발해 글을 쓰는 것이다. 언제나 '살고 있는 곳'에서 시작한다. 그다음 편안하게 글을 다시 읽어 보자.

문장에는 글쓴이가 현재 상황에서 무슨 역할을 하고 있고, 또한 무슨 역할을 하려고 하는지가 담겨 있어야 한다. 하지만 문장들이 의도했던 역할을 하지 못하는 경우가 너무 많다. 그런 현상은 언어를 잘 다루지 못해서가 아니다.

윌리엄 블레이크가 말한 '인식의 문'을 활짝 열지 못하면 문장은 글쓴이의 생각대로 흘러가지 않는다. 그러면 문장이 말하는 것은 단순한 언어에 불과할 수 있으며 심지어 거창하고 추상적인 표현을 하게 될 위험이 있다. 그 글은 당신의 글이 아니다. 자각 없이 글을 쓰면 언어에 장악당하고 만다. 이는 글쓴이가 현재 보는 것이 아니라 과거에 보고 느낀 것을 문장 아무 곳에나 배치할 때 생기는 일이다.

언어는 현재를 적극적으로 표현하더라도 과거의 잔재가 남아 있다. 그런 부분이 과거 어느 지점에서 왔는지 알아내려면 상당한 훈련이 필요하다. 또한 쓸모없어지고 낡은 용어와 진부한 표현, 화려한 수식어에서 벗어나 강력한 문장 구조를 만들기 위해서도 많은 훈련을 해야 한다. 과거의 잔재가 남은 표현들을 묘비에 새겨진 글이라고 생각하자. 언어의 묘지로 들어가느니 살아 있는 순간의 생생함을 찾으려고 노력하는 게 훨씬 낫지 않겠는가. 언어는 우리를 실패로 이끌 수 있다. 언어가 우리의 존재를 대신할 때 그렇게 된다. 실패한 언어를 만들어 내는 쓸모없는 부담을 버려라. 지금 이 순간 무엇을 보고 느끼고 생각하는지만 알아도 충분하다.

대학이나 회사에 지원하는 이들은 자신의 존재에 대한 자각과 자신의 환경에 대한 자각이 부족한 경우가 있다. 자세히 보고 충분히 느끼고 곰곰이 생각할 때 그들은 새로운 사물을 시야로 끌어들여 인식을 확장하는 글쓰기를 할 수 있다. 그런 훈련을 통해 사람들은 '쓸 거리'를 얻는다. 그러면 어떤 주제를 쓸 때 스스로 그 주제 안에서 살아가기 시작한다.

오웰은 언제나 자기 자신을 견고한 기준점으로 삼았기 때문에 찰나의 순간까지 포착해 글을 썼다. 《위건 부두로 가는 길》에서 그는 랭커셔와 요크셔의 광산 지역에서 두 달을 보내고 그때 겪은 경험을 묘사했다. 《카탈로니아 찬가》에서는 스페인 공화국을 지지하는 투쟁에 합류했다. 현실은 확고하게 규정되어 있지만 오웰은 그러한 현실 속에서도 글을 통해 삶의 윤곽을 확장시킨다.

◆ ◆ ◆

내가 제시하는 방법이 순전히 인식의 문제로 보일지 모른다. 이해가 깊을수록 좋은 글을 쓸 수 있다는 것이 내 주장이니 말이다. 하지만 이는 반만 맞다고 할 수 있다. 물론 좋은 글을 쓰려면 통찰을 해야 하며 통찰은 씨앗이 뿌려져야 자란다. 하지만 통찰을 한다 해서 무조건 글을 잘 쓰게 되는 건 아니다. 문장을 쓸 때마다 다음의 세 가지 질문을 던져야 한다.

온전히 내가 관찰한 것인가?
온전히 내가 느낀 것인가?
온전히 내 생각인가?

이 질문들에 대답이 모두 '그렇다'여야 한다. 물론 이 세 가지 질문에 '그렇다'라고 대답하더라도 당신의 글이 훌륭한 글은커녕 좋은 글조차 되지 않을 수 있다. 하지만 관찰과 느낌, 생각이 당신의 것이어야 어떤 식으로든 통찰이 생긴다. 그러면 글을 신중히 고쳐 나갈 수 있는 토대가 놓이는 것이다.

생각은 물론이고 관찰이나 느낌조차 담기지 않은 문장을 수정하는 건 시간 낭비다. 순서를 다시 기억해 보자. 관찰이 느낌을 낳고 느낌이 생각을 낳는다. 따라서 어떤 상황을 아주 깊숙이 들여다보며 정확하게 관찰해야 하고, 명확한 감정을 느껴야 하며, 그다음 생각이 뒤따라야 한다. 관찰이 얼마나 깊은지, 거기서 흐르는 느낌은 얼마나 명확한지가 그 뒤로 이어지는 생각의 힘을 좌우한다. 관찰이나 느낌에 결함이 있는 생각은 글이 수정되면서 사라지는 경우가 많다. 또한 관찰과 느낌에 근거한 생각이라도 그것을 추구하는 방법에 따라 그 생각이 글에 남을 수도 있고 사라질 수도 있다. 하지만 글쓰기에서 그러한 생각은 꼭 필요한 조건이다.

personal storytelling

4장

독자에게
신뢰를 주는 문단

글의 힘은 진실 안에 숨어 있다

TIP

1. 생각을 장황하게 늘어놓지 않기
2. 되도록 1인칭 시점에서 글을 쓰기
3. 과장하지 않기
4. 포괄적으로 두루뭉술하게 서술하지 않기
5. 모르면 모른다고 솔직하게 말하기

지금까지 나는 좋은 글이 어떤 글인지에 대해 포괄적으로 이야기했다. 여기에는 이유가 있다. 하루가 멀다 하고 자기소개서를 검토하며 유망한 인재를 골라내려는 입학사정관, 또는 인사 담당자를 설득할 수 있는 건 좋은 글 말고는 찾기 힘들기 때문이다.

자기소개서에는 고유한 형식이 있다. 에세이와 문학의 기법으로 쓰긴 하지만 사실상 문학이라고 보기는 어렵다. 하지만 자기소개서에는 필수 요건이 몇 가지 있다.

자기소개서에 그러한 요건이 필요한 이유는 입학사정관이

나 인사 담당자가 자기소개서의 글쓴이가 누구인지 전혀 알지 못하는 상태에서 글을 읽기 때문이다. 잘 알려진 칼럼리스트나 저명한 출판인이라면 독자에게 저자의 이력을 알리지 않아도 상관없다. 그러나 자기소개서의 글쓴이는 어리고 글쓰기 경력이 많지 않은 저자이므로 자신의 글이 읽을 가치가 있다는 점을 빠르게 증명해야 한다.

 많은 사람들은 진실만이 그 점을 증명해 줄 거라고 생각하는 것 같다. 그래서 진실을 가득 담아 글을 쓴다. 그러나 대학이나 회사에 합격하는 데 필요한 건 진실이 아니다. 바로 추론하는 능력이다.

 관찰과 증거를 바탕으로 한 추론, 의문을 통한 추론, 포괄적인 결론이 아닌 진실이 될 최소한의 가능성이 있는 추론, 그러한 가능성을 설득력 있고 간결하게 내놓는 추론이 지원자의 자질을 가린다. 추론의 과정에는 잠정적인 결론, 조심스러움이 있다. 추론은 의구심을 숨기지 않는다. 오히려 의심이 드는 부분을 파헤쳐서 단단한 지식의 토대로 활용한다.

 따라서 자기소개서를 준비하는 이는 우선 상대에게 믿음을 줘야 한다. 어떤 자격을 증명하지 않아도 신뢰를 얻을 수 있도록 해야 한다는 말이다. 그리고 신뢰를 얻기 위해서는 글쓰기가 어떤 작용을 하는지 깊이 인식해야만 한다.

생각에 이의를 제기하는 것은 쉽다. 느낌에 이의를 제기하는 것은 조금 어렵다. 본 것에 이견을 다는 것은 매우 어렵다. 특히 잘 쓰인 글에서 관찰한 것이 매우 정확하고 세세하게 기록되었다면 이에 의문을 갖는 것은 무척 어렵다.

이제 자기소개서에서 자기를 표현하는 기술을 본격적으로 다루려 한다. 관찰이 느낌으로, 느낌이 생각으로 이동하는 기술적이고 전략적인 글을 쓰면 신뢰를 쌓는 데 효과적이다. 이 과정에서 하나의 정해진 원칙은 없다. 지원자의 자질을 검토하는 담당자의 신뢰를 얻으려는 사람이 각기 다양한 주제를 내놓기에 여러 가지 형태가 생기는 것뿐이다.

강하게 주장하는 글은 자기소개서와 맞지 않다. 자기소개서는 자신의 생각을 주장하는 글이 아니라 자신을 확장하는 글이다. 세상을 바라보는 방식을 글로 풀어내야 하는 것이다.

논증하는 방식으로 글을 쓰면 개인적으로 깊은 통찰을 얻기 힘들다. 당신이 어떤 주장을 내놓으면 증거를 제시해 그 주장을 뒷받침해야 하기 때문이다. 때때로 논증은 유사성에 대한 언급일 수도 있고 시간 또는 장소와 맞닿아 있는 사물에 대한 관찰일 수도 있다. 아니면 인과 관계를 사례로 주장을 펼 때도 있다.

　논증하는 형식으로 구성된 문단에는 통찰은 없고 명확성만 있는 경우가 많다. 논증하는 글쓰기에는 감정에 흔들리지 않는 명확성이 존재하는 것이다. 자기소개서가 논증하는 글쓰기가 된다면 종종 입학사정관이나 인사 담당자가 '지원자'를 보지 못하게 되는 경우가 생긴다. 자기소개서를 쓸 때는 자신의 세계를 적극적으로 열어 보여야 한다. 모든 문장에 지원자의 세계가 담겨야 한다.

　자기소개서는 느긋하게 진행되어야 한다. 당장 자신의 주장을 증명하는 게 아니라 누군가를 서서히 자신의 세계로 들어오게 하는 글을 써야 한다.

　잘 쓴 자기소개서를 보면 초반에는 관찰한 것을 중심으로 서술하고 점점 느낌 중심, 생각 중심으로 글이 물 흐르듯 이어진다. 그리고 마지막으로는 목표가 무엇인지 목표를 중심으로 이야기를 전개한다.

　여기서 자기 자신을 잘 표현하기 위해서는 이야기를 전개하는 화자를 명확하게 보여 주어야 한다. 그러려면 그것을 쓴 사람에 대한 일관성 있는 그림이 그려져야 한다. 이런 이야기를 듣고 나름대로 글을 잘 구성한다고 해도 자기소개서를 쓴다는 건 사람들이 기존에 글쓰기를 배우면서 경험한 것과는 약간 다른 부분이 있다고 할 수 있다. 그래서 자기소개서를 잘 쓰려면 시간이 필요한 것이다.

◆◆◆

글을 시작할 때 구체적으로 표현해 보자. 구체적으로 묘사하는 것은 면밀하게 관찰했음을 믿을 수 있게 해 주어 읽는 사람의 신뢰를 얻는 데 도움이 된다. 작가들은 모두 구체적인 묘사를 통해 초반부터 독자의 신뢰를 얻으려 한다. 다음은 〈그레고리오 발데스 *Gregorio Valdes*〉라는 엘리자베스 비숍이 쓴 에세이의 서두다.

키웨스트의 중심인 듀발 거리에는 이발소가 있다. 나는 그 이발소의 창문 옆에 있는 그레고리오 발데스의 작품을 보았다. 이발소가 있는 블록에는 싸구려 술집, 구두닦이집, 당구장이 있었고 그 위로 나무로 된 차양이 길게 설치되어 인도에 그늘을 만들어 주었다. 그림은 이글 위스키의 광고판에 기대어 있었다. 그림 양옆에는 크리스마스 때 쓰고 남은 빨간색,

> 초록색 주름 종이로 만든 장미와 색 테이프로 창문이 장식되어 있었다. 쿠바인 학교에서 열리는 오페레타의 광고문이 그림 옆에 붙어 있었다. 그 위로는 먼지가 수북했고 파리 얼룩과 흰개미 날개로 지저분했다.

여기서 엘리자베스 비숍이 누구인지는 중요하지 않다. 독자는 그녀의 시각으로 그녀가 보는 것을 보게 된다. 비숍은 특정한 자리에서 무언가를 본다. 그녀는 블록이라는 배경을 설정하고 글을 시작한다. 그다음 이발소 창문으로 시선을 이동한다. 문단 끝에서 독자는 그녀가 어디에 있는지, 그곳이 어떤 공간인지, 거기서 그녀는 무엇을 보는지 알게 된다.

비숍의 관찰은 명확하다. 그럼 비숍은 자신이 관찰한 장면을 어떻게 독자에게 명확하게 보여 줄 수 있었을까?

관찰하는 대상이 많을 때 작가가 보는 것을 독자도 '보게 하려면' 보는 행위가 조직적이어야 한다. 즉 묘사가 아주 상세해야 한다는 것이다.

비숍의 에세이 서두에서는 장면이 한 번에 하나씩 명확하게 설정된다. 그 장면들을 먼 거리에서 가까운 거리 순서대로 시선을 이동하며 묘사한다. 먼저 그녀는 멀리 떨어져서 키웨스트의 중심인 듀발 거리의 전체적인 모습을 관찰한다. 그 다음 조금 더 다가가 여러 상점들이 있는 블록에 초점을 맞춘다. 그 후 가장 가까운 거리에서 이발소 창문 주변에 있는 그림과 물체들을 본다.

 이런 식의 시선의 이동은 인간의 초점이 이동하는 가장 보편적인 순서이며 미술과 사진, 영화에서 종종 활용된다. 눈이 자연스럽게 여러 곳에 초점을 맞추어 사물을 보는 것처럼 한 장면에 세 가지 시점이 동시에 존재하도록 할 수 있기 때문이다. 이러한 경우 먼저 본 사물에 새로운 시점이 순차적으로 추가되어 관찰자의 시점이 점차 조정될 수 있다. 이러한 시점의 형태는 유한하다. 시야가 무한히 확장되지도 않고 무한히 작아지지도 않는다. 그렇지만 독자는 세 가지 시점을 통합시켜 서로 얽힌 한 장면을 상상할 수 있다.

 틀림없이 비숍은 키웨스트의 중심에서 볼 수 있는 단 하나의 작은 물건을 서술했다. 하지만 그녀는 세밀하게 묘사된 글이라는 매개체를 통해 자신이 본 것을 독자에게 전달하는 기록을 남긴다. 비숍은 관찰을 해 나가면서 자신이 본 것에 질서를 만든다. 이어지는 문단에서도 그녀는 세 가지 시점을 한 번 더 사용하여 발데스의 그림을 묘사한다.

푸른 들판을 가로지르며 뻗다가 한 점으로 줄어드는 직선 도로가 그려져 있었다. 진정한 '경관'이었다. 양쪽으로는 대왕 야자수가 일렬로 서 있었다. 어찌나 세밀하게 그려졌는지 각 줄에 일곱 그루씩 있는 나무까지도 셀 수 있었다. 도로 중간 에는 당나귀를 탄 남자의 모습이 작게 보였다. 오른쪽 먼 곳 에는 쿠바 오두막이 하얀 얼룩처럼 그려졌는데 루소의 '쥐니 에 신부의 마차'에 있는 작은 개처럼 신비로운 방식으로 원근 법을 표현하려고 한 것 같다.

이 글은 시선이 점차 이동한다. 비숍은 나무 일곱 그루를 세기도 한다. 이렇게 나무를 세는 행위는 훌륭한 기법이다. 이를 통해 독자는 그녀가 정말로 자신 앞에 있는 것을 보고 있다는 느낌을 받게 된다. 또한 마지막 부분에서는 이발소 창 문에 기대어 있는 그림과 앙리 루소의 걸작을 비교한다. 루소 의 걸작과 연결시키며 관찰자는 학식 있는 비평가로 변할 수 도 있다. 하지만 그녀는 그림을 보며 비평하려는 생각이 없 다. 곧 자신의 이야기로 다시 돌아간다.

제일 위에 있는 하늘은 파랗다. 점차 아래쪽으로 내려오면서 하얀색, 아름답게 붉은 분홍색, 강렬한 분홍색으로 하늘색이 달라진다. 모기가 극성을 부리는 열대 지방의 저녁 풍경이다. 나는 식당으로 가는 길에 이발소 앞에서 왔다 갔다 했다. 결국 그 그림에 매혹되어 안으로 들어가 3달러를 주고 그림을 샀다.

내가 사는 집의 집주인은 수녀원에서 유화를 배웠다. 그녀의 집은 '우물가의 로마 여인'과 '폭풍우 속의 말들' 같은 작품의 모조품으로 도배되어 있다. 기분 나쁘게도 그녀는 '15센트'에 내가 산 그림과 똑같이 그려 주겠다고 말했다.

그레고리오 발데스라는 화가가 유명한 예술가는 아니다. 하지만 그녀는 그 화가에게서, 그 화가의 작품에서 무언가를 발견한다. 그리고 독자는 엘리자베스 비숍이라는 작가를 관찰한다. 그녀는 그림을 사면서 느낀 감정을 보여 준다. 그러고는 자신이 더 싼 가격에 똑같이 그릴 수 있다고 말하는 집주인의 의견에 격하게 반대한다. 몇 문장 뒤에서 비숍은 직접적으로 언급한다. "나는 그 그림이 마음에 들었다."

◆ ◆ ◆

　이 글에서 무슨 일이 일어났는가? 비숍은 관찰하다가 자신의 감정을 보여 주는 식으로 서술했다. 루소의 그림과 유사하다는 생각이 잠시 스쳤지만 그 생각은 곧 사라졌다.
　이 글의 핵심은 독자가 그녀의 눈으로 세상을 보고 그녀를 신뢰하는 것이다. 독자의 신뢰감은 그녀가 믿을 수 있는 관찰자라는 사실에서 싹튼다. 키웨스트에 가 본 적 있는 사람은 열대 지방의 약간 누추한 환경을 보았을 것이다. 비숍은 새로운 것을 관찰하지 않는다. 단지 현실에 존재하는 사물을 새로운 눈으로 바라보며 기록한다. 이 글에는 작가의 생각이 스치듯 지나갈 뿐이지 다른 보편적인 이야기는 없다. 작가인 그녀는 분명히 글 안에 존재하며 문단 마지막 부분에서는 매우 강하게 존재를 드러내고 있다.
　자기소개서의 형태는 다양하다. 그러나 가장 믿을 만한 자기소개서는 구체적으로 관찰하는 존재를 강하게 드러내는 글이다. 자세히 관찰하는 존재는 주로 첫 부분에 등장해서 풍경을 카메라에 찍힌 것처럼 묘사한다. 그다음으로는 본 것에 느낌을 더해 관찰하는 존재를 계속 드러낸다. 본 것이 계속

이어지지만 실제로 누군가 관찰을 하고 있다는 점을 보여 주어 관찰의 깊이를 더욱 깊게 한다. 그렇게 해서 초반에 나타나는 관찰에 내재된 차가움을 제거하고 '나'라는 존재를 투입해 따뜻함을 준다. 그리고 마침내 세 번째 부분에서 특정한 생각이 모습을 드러낸다. 단순해 보이지만 어렵게 끌어낸 생각이다. 다음 문단을 살펴보자.

나는 푸른 벌판에 쿠바의 농가가 그려진 그 그림이 마음에 들었다. 두세 그루의 멋진 대왕야자수와 바나나 나무가 있었고 현관에는 의자가 한 개 놓여 있었다. 여성 한 명과 당나귀 한 마리가 보이고 하얀 꽃이 커다랗게 피어 있다. 파란 하늘에는 미국 비행기가 있다.

여기서 드러난 생각은 아주 거창하지는 않지만 이 에세이의 핵심 생각이다. 그녀는 그 그림이 마음에 든다는 생각에 도달했다.

그녀의 이야기를 듣는 사람은 발데스와 그의 작품을 잘 모를 것이다. 하지만 그녀는 초반에 발데스의 작품을 관찰해 독자에게 보여 주면서 직접적인 언급 없이 지지한다. 그녀가 발데스를 좋아한다는 감정을 이런 작은 요소를 통해 짐작할 수 있다. 하지만 작게 내비쳤던 호감은 그녀가 그림을 구입하자 그 크기가 커졌다.

그레고리오 발데스를 모르는 사람들에게 화가라고 알려 준다면 감흥 없이 그저 화가구나 하고 생각할 것이다. 따라서 비숍이 발데스의 작품에 어떤 의미가 있다는 생각에 이르는 데는 상상력이 필요했다. 복잡하지 않아도 괜찮다. 단순하게 그 그림을 산 사람이 '그녀'라는 점에서 발데스의 작품에 의미를 부여할 수 있기 때문이다. 그리고 아주 구체적으로 자신이 좋아하는 풍경을 독자에게 정확히 말해 주어 자신에게 특별한 의미가 있음을 표현한다.

이와 동일하게 자기소개서에서 드러나는 생각이 수준 높고 복잡할 필요는 없다. 비숍이 발데스에게 예술가로서의 무언가가 있다고 생각했을지라도 발데스는 예술적으로 높게 평가되지 않았다. 그녀도 발데스의 작품이 뛰어나다고 주장하지 않는다. 그저 계속 그림을 자세히 관찰하며 글을 진행한다. 그리고 주저함은 있지만 공정한 평가를 내린다.

그레고리오는 절대 위대한 화가가 아니다. 그가 '프리미티

비즘 화가* 대열에 속해 있는 건 틀림없지만 때때로 그는 훌륭한 '프리미티브' 작품을 그리지 못하는 경우도 있다. 그의 그림들은 균형이 깨져 있다. 그런 그림들은 대부분 사진을 보고 그린 것이다. …… 하지만 그가 야자수처럼 자신이 알고 있거나 좋아하는 사물의 사진을 …… 베껴 그리더라도 독특하고 매혹적인 신선함과 소박함, 거리감을 나타내기 위해 원근법과 색채를 적절히 바꾼다.

비숍은 자신의 생각을 '온전히 자신의 것'으로 만들었기 때문에 성공적인 에세이를 쓸 수 있었다. 그녀는 어떻게 그런 생각을 하게 되었는지 보여 준다. 독자는 그녀의 글을 보고 그녀가 한동안 그 그림을 중심으로 살아갈 것임을 짐작할 수 있다. 사실 그녀는 발데스의 그림을 한 번 보고 만 것이 아니라 곁에 두고 살면서 수없이 관찰했다. 그리고 몇 점을 더 구입하고 한 점을 의뢰했다. 발데스의 고향에서 그를 만났고, 그의 지인들과 대화를 나누며 그에 관해 조사했다. 그런 다음에 펜을 들었다.

● 1905~1920년에 야수주의와 입체주의의 영향을 받아 생긴 러시아 표현주의 경향의 화가. 매우 단순한 형식과 강렬한 색채를 즐겨 사용했다. ― 옮긴이 주

비숍의 글에는 낯선 무언가를 한 번 보고 느낀 점을 썼다는 인상이 없다. 나는 서툴게 쓴 자기소개서에서 글쓴이가 새로운 무언가, 낯선 곳을 단 한 번 보거나 방문하고 썼다는 느낌을 종종 받는다. 대부분 무언가를 봤다, 어딘가를 방문했다고 말할 목적이라는 느낌이 든다.

비숍은 상세하게 하나하나 묘사하기 위해 한동안 키웨스트에서 살았다. 그녀가 발데스의 이야기를 쓸 수 있었던 것은 그녀의 삶 안으로 발데스의 작품이 들어왔기 때문이다. 비숍은 발데스의 작품에 관심을 갖게 되어 그의 삶을 찾아다녔고, 그의 세계를 이해하기 위해 노력했다. 그녀는 글을 쓰기 위해 그만큼 노력을 기울인 것이다.

비숍은 평소에도 본 것을 솔직하게 표현하며 온갖 경험으로 가득한 삶을 살고 있었기 때문에 이러한 에세이를 쓸 수 있었다. 그녀는 발데스와 그의 작품을 알고 있지만 이를 알리기 위해 글을 쓴 건 아니다. 그저 자신의 경험에 있는 의미를 찾고 그와 조화를 이루는 생각을 해내는 모습을 보여 줬을 뿐이다. 글에 담긴 생각은 외부에서 가져온 게 아니다. 그 생각은 추상적이지도 않고 주제와 동떨어지지도 않았다. 그녀는 자신이 명확하게 전달할 수 없음을 알고 있을 때도 모호함을 표현하길 두려워하지 않는다. 끝부분에 발데스의 그림이 여전히 자신에게 "수수께끼 같은 부분이 있다."라고 인정한다. 이런 식으로 그녀는 생각이 느낌을 토대로 형성되기 때문에 정확하지 않을 수 있다는 점을 인정한다.

이렇게 확실한 결론을 얻지 못하는 에세이를 높이 평가해 본보기로 제시하는 게 이상해 보일지 모른다. 하지만 자신의 경험에 대해 열린 자세를 추구하는 사람들에게 비숍의 글은 좋은 사례가 된다. 그녀는 아무도 중요하게 생각하지 않은 것을 보고 거기서 의미를 발견한다. 그 의미는 작을지 몰라도 그녀에게는 중요했다. 그래서 그 중요한 의미를 전달하기 위해 자신의 목소리로 글을 썼다.

비숍은 누구도 설득하려고 하지 않는다. 묘사하기 어려운 것을 묘사할 때조차 세세한 사항을 결코 놓치지 않는다. 남들은 어떤 사물을 보지 않거나 볼 가치가 없다고 생각한다는 것을 잘 알면서도 그녀는 정확하게 관찰한다. 대부분의 에세이에서 확신은 흔하게 나타나지만 용기 있는 자각이 나타나는 경우는 많지 않다. 그녀의 에세이에는 진정한 용기가 있다.

많은 사람들이 비숍의 에세이를 좋아한다고 말한다. 다른 많은 에세이와 달리 비숍의 글을 보고서야 비로소 어떤 대상에 대해서든 관찰과 느낌, 생각을 글로 쓸 수 있게 되었다고 하는 것이다.

◆ ◆ ◆

이제 맨 처음 광산을 소재로 에세이를 쓴 글쓴이가 비숍의 글처럼 실제로 보고 느끼고 생각한 것을 쓰려고 할 때 어떤지 살펴보자. 먼저 관찰이다.

터커&피스 광산은 내가 본 최초의 광산이었다. 우리는 피츠버그 남쪽에서 학교 버스를 타고 약 두 시간을 갔다. 광산은 머농거힐라강을 따라 위치해 있었다. 광산으로 난 길은 포장조차 되어 있지 않았다. 밖에서 보니 높고 긴 컨베이어 벨트가 광산 안으로 이어지는 모습이 보였다. 마치 더 이상 사용하지 않는 텅 빈 철길 같았다. 광산으로 가는 길에 역사 선생님은 우리에게 오래된 가요를 하나 알려 주었다. 구리 광산에서 파업하다가 사망한 조 힐을 노래한 저항 가요였다.

조 힐은 죽지 않았어

그가 내게 말했네

조 힐은 결코 죽지 않았어

노동자들이 파업을 하는 곳에

조 힐이 그들 편에 있네

조 힐이 그들 편에 있네

   버스에서 내릴 때는 노조의 조합원이라도 된 것 같은 느낌이 들었다. 비록 우리가 애팔래치아에 있는 광산으로 여행을 가는 학생이었지만 말이다.

   광산 안으로는 들어가지 못했다. 광부도 보지 못했다. 광산 회사에서 대표로 나온 사람들은 얼굴이 하얗고 손이 깨끗했다. 그들은 우리를 눅눅한 대형 강당으로 데려갔다. 강당 벽에는 도표들이 붙어 있었다. 강당에 들어간 우리는 먼지가 쌓인 자동판매기에서 초코바를 구입했다. 그때 회사 대표자가 다가와 우리에게 주변을 구경하고 오라고 했다. 그래서 20분 정도 주변을 둘러본 후 다시 강당으로 돌아왔다. 대표자 한 명이 20분 넘게 광산의 운영 방식, 그들이 사용하는 기계와 드릴, 컨베이어 벨트에 관해 이야기했다.

다음은 두 번째 부분이다. 명확함이 유지되지만 이번에는 '느낌'에 관한 내용이다.

내 친구 세스는 마음에 들지 않았는지 자신의 생각을 몇몇 친구들에게 이야기했다. 친구들은 그 대표자를 향해 질문을 퍼붓기 시작했다.

"광산은 어디 있나요? 우리가 가면 안 되는 이유가 뭡니까? 뭘 숨기고 있나요? 왜 광부들과 대화를 할 수도 없는 거죠?"

나도 거기에 동참했다. 그 대표자와 그 뒤에 서 있던 몸집이 크고 혈색 좋은 그의 상사는 당황했다.

대표자는 강연대를 정면으로 보고 선 게 아니라 강연대에서 살짝 몸을 돌리고 옆으로 서 있었다. 그는 어깨를 움츠린 채 말을 꺼냈다. 그러나 그의 말은 우리의 귀로 들어오기 전에 땅에 떨어지는 것 같았다. 나는 아주 작은 소리를 들었다.

"저는 여기에 기여할 수 있어서 기쁩니다."

그가 말할 때 나는 그를 처음으로 자세히 보았다. 거의 들여다보지 않는 노트를 든 손이 떨리고 있었다. 그는 힐끔거리면서 상사와 시선을 맞추려고 계속 시도했지만 상사는 먼 곳만 바라보고 있었다. 그는 매우 긴장했다. 그가 얼마나 그 일을 간절히 원했는지 모르지만 내가 볼 때 그는 자신의 일이 무엇인지 잘 모르는 것 같았다.

그는 회사를 대변해야 하는가? 광부를 대변해야 하는가? 아니면 석탄을 채굴하는 일을 대변해야 하는가? 그가 무슨 말을 하든 나는 그가 회사의 입장에 동의하는 게 아니라는 생각을 했다. 추운 겨울날 따뜻한 사무실에 있다가 끌려 나와서 무슨 말을 누구에게, 왜 해야 하는지 정확하게 알지 못한 채 말하는 나약한 남성처럼 보일 뿐이었다.

나는 친구들의 표정을 둘러봤다. 친구들은 고단한 삶을 살아가는 노동자와 달리 하얀 와이셔츠의 목깃이 조일 정도로 살이 찐 사람에게 반감을 갖고 있었다. 그래서 그 대표자를 마음에 들어 하지 않았다. 그가 말을 멈출 때마다 낮은 야유 소리가 뒤따랐다.

그 후 나는 그를 다시 보았다. 손에 노트를 들고 있는 그 남자의 눈에 눈물이 맺혔다.

다음은 세 번째 부분이다. 여기서 관찰과 느낌이 '생각'으로 전환된다.

모든 게 내가 들은 내용과 너무 달랐다. 나는 광산을 운영하는 사람들은 기본적으로 민중의 적이라고 들었다. 민중의 적. 나는 그 말을 재빨리 생각했다. 그 말을 처음 들었던 역사 수업을 기억해 보려고 했다. 민중의 적이라는 말을 1930년대 스탈린의 대숙청을 배울 때 들었다는 것이 생각났다. 맙소사. 숙청과 강제 수용소를 떠올리니 몸서리가 쳐졌다.

이렇게 뒤따라 나온 생각이 시작된 대목은 "그 후 나는 그를 다시 보았다."라는 짧은 문장이다. 글쓴이는 다시 보고, 그리고 또다시 보았다. 볼 때마다 글쓴이는 자신이 본 것이 정확한지 점검하면서 현재의 평가를 수정해야 했다. 처음에는 원래 가지고 있던 인식에서 나온 생각을 할지 모르지만 새로운 정보들이 쏟아져 들어오고 그 정보가 '회사의 대표자가 예상과 다르다.'라는 메시지를 전달하면서 인식은 변하기 시작한다.

그 남성은 대표자로서만 존재하는 게 아니다. 그 역시 타인은 온전히 이해하지 못하는 자신만의 세계를 가진 한 명의 사람인 것이다. 이러한 그의 모습은 글쓴이를 혼란스럽게 한다. 이제 글쓴이는 의구심을 품고 야유를 하는 사람들이 그 대표자의 말에 어떻게 반응하는지도 살펴야 한다.

그러니 글쓴이는 공통의 의제로 함께 움직이는 집단에 속했으면서도 개인적인 자각을 할 수밖에 없다. '한 명의 인간으로서' 유일하게 자신만 볼 수 있는 것을 보면서 기존의 믿음에 의문을 품기 시작한다.

이 글은 이 글쓴이의 글에서 처음으로 현실적이라는 느낌을 받은 글이다. 맨 처음에 광산을 소재로 쓴 이 글쓴이의 글을 살펴보았지만 거기에서는 자신이 보거나 느낀 것에 대한 의문을 한 번도 품지 않았다. 하지만 비숍의 글을 본 글쓴이는 이제 특정 상황이 현실에서 폭넓게 확장되는 것을 허용하고 있다. 상황을 바라보는 감각이 생겼기 때문이다. 외부 세계를 보는 시각이 열리면 내부 세계도 활짝 열린다. 그러면 이제 느낌과 관찰은 하나가 된다.

이런 식의 관찰은 세부적인 요소를 자세히 관찰하면서 시작하지만 거기서 끝나지 않는다. 글쓴이는 남자의 손이 떨리는 모습을 보고 그 뒤에 있는 상사를 본다. 또한 그 남자가 상사와 눈을 맞추려고 하는 모습을 본다. 글쓴이가 순간순간 묘사하는 세부적인 장면은 느낌을 전달한다. 그 남자의 마음은 괴롭고 불편하다. 글쓴이가 그 이유를 정확하게 알 수 없다면 판단하지 않고 관찰할 수 있다. 오히려 그러한 관찰은 정확한 감정 이입의 씨앗이 된다. 더 많은 것을 관찰할수록 더 명확하게 느낀다. 명확한 느낌이 있다면 글쓴이는 마침내 '회사의 대표자'를 같은 인간으로 보지 않는 군중에서 완벽하게 빠져나올 수 있다. 글쓴이는 더욱 철저하게 관찰하고 더욱 철저하게 느낀다.

바로 이 이중의 강력함 덕분에 글쓴이는 성급하게 관찰하지 않고 성급하게 얻은 느낌을 생각으로 표현하는 일을 피할 수 있다. 여기서 '성급하다'는 표현은 정확하다. 의식이 미성숙하면 판단을 서두르기 때문이다. 글쓴이는 자각의 속도를 늦추어 판단의 속도도 늦춘다. 이를 통해 개인적인 관점이나 가치관을 내려놓고 다른 사람의 세계로 들어갈 충분한 시간과 공간을 얻는다. 그 세계는 낯설지 모르며 그에 대한 글쓴이의 이해는 불완전할 수 있다. 하지만 비숍이 알려 준 대로 그게 시작이다.

personal storytelling

5장

나의 가치를
보여 주려면?

나의 삶에 귀 기울이는 시간이 필요하다

TIP

1. 짧으면서도 충분한 메시지를 담기
2. 충분히 좋은 글감을 찾아내기
3. 억지로 누군가를 설득하려고 하지 않기
4. 항상 생각이 열려 있음을 보이기
5. 세상으로 나갈 준비가 되었음을 보이기

우리는 관찰과 느낌, 생각이 어우러지는 글을 살펴보았다. 그러면 지금까지 살펴본 단어와 문장, 문단을 통합하여 에세이를 만들면 그 '에세이'는 어떤 모습이 될까? 보고 느끼고 생각한 것을 어떻게 종이에 적어 나갈 수 있을까? 그렇게 완성된 자기소개서가 어떻게 원하는 대학이나 회사에 합격하는 길로 안내해 줄까?

   나는 이해를 돕기 위해 두 가지 에세이를 보여 주었다. 사실 나는 사람들에게 잘 작성된 자기소개서를 사례로 보여 주지 않는다. 사람들이 완벽한 자기소개서를 예시로 검토하면 종종 부작용이 생기기 때문이다. 불안에 더욱 시달리게 되거나 예시로 살펴본 자기소개서를 모방하려고 한다. 그래서 나는 유명한 작가가 쓴 좋은 글을 예시로 제시한다. 내가 이 전략은 쓰는 이유는 여러 이유가 있지만 최근 사람들이 양질의 책을 많이 읽지 않기 때문이기도 하다.

  나는 독서를 많이 해야 글을 잘 쓸 수 있다는 말을 들으며 자랐다. 그러나 오늘날은 매우 다르다. 사람들은 바로 활용할 수 있는 글쓰기를 배우려 하고, 먼저 자신의 목소리를 내는 방법을 배운다. 이러한 목소리는 구두로 나오기 때문에 자신의 목소리를 내는 법을 배운 사람은 말하듯이 글을 쓴다. 구두로 하는 스토리텔링은 흔히 감정을 담을 수 있기에 글에 생기를 불어넣을 수 있다. 하지만 '생각'은 말하듯이 쓴 글에서는 확장되지 않는다. 그래서 한 세대에서 다른 세대로 생각을 신중하게 전달할 때는 문자인 글로 전달하는 경우가 거의 대부분이다.

  생각이 문자로 전달되는 것과 비슷하게 좋은 글 역시 문자로 표현된다. 그렇다고 무작정 생각을 그대로 옮겨 적어서는 좋은 글이 되지 않는다. 글쓴이의 목소리를 잘 전달하려면 문자로 생각을 어떻게 표현할지 고민이 필요하다.

아마 말의 리듬과 문자의 어조가 비슷하다고 생각할지 모른다. 하지만 명문 대학에 들어가거나 대기업, 또는 원하는 회사에 입사하기 위해 자기소개서를 쓰는 사람이 말하듯 글을 쓰면 글의 힘이 약화되기 쉽다. 그런 방식이 때때로 도움이 될 수 있지만 말이 아닌 글이 갖는 힘이 있다. 말에는 강력한 설득력이 있으며 전개되는 방식도 매력적이지만 글을 활용해야만 생각을 온전히 표현할 수 있다.

그래서 나는 가르칠 때 내용을 시각적으로 전달해 주는 글을 골라 주려고 한다. 그렇지만 그 전에 그 사람의 경험과 지적 능력, 개별적인 능력을 파악한다. 그러고 나서 살펴볼 글을 제시한다. 훌륭한 글은 대부분 깊은 내적 세계를 담고 있으며 처음 읽을 때는 그 세계에 접근하는 게 쉽지 않다. 그리고 많은 사람들이 글에 마음을 열지 않는다. 자신이 상상하는 삶을 다룬 수백 개의 글과 자신이 마치 보이지 않는 덩굴처럼 얽히는 것, 그러한 문장들이 자신에게 의미를 부여하는 것을 원하지 않는다. 나는 내가 골라 준 글을 살펴본 사람이 이해한 대로 받아들이며 방향만 잡아 준다.

사람들에게 글을 소개하는 일은 그 글 이면에 있는 많은 글을 소개하는 것이나 다름없다. 사람들은 다양한 글 속에서 지속적이고 철저하게 메시지를 주고받아야 한다. 그리고 포괄적으로 읽기 위해 관심을 기울여야 한다. 그래야 비로소 읽은 것이 적절한 때 입체적으로 모습을 드러내기 시작한다.

이 점을 가르치기 위해 나는 문학 작가의 개인적인 글을 고르는 경우가 많다. 에세이, 자서전, 일기, 메모 등. 이러한 글들은 실제 경험이 고스란히 담겨 있다. 나는 철학적이고 추상적인 작품은 피한다. 사람들이 그런 책을 읽으면 자신의 목소리가 아니라 작가의 목소리로 빠져드는 경향이 있기 때문이다. 그래서 내가 선호하는 글은 직면한 상황에서 떠오르는 생각을 다루는 글이다. 그런 글의 작가는 보고 들은 것에서 많은 추론을 하지 않는다.

에세이들은 모두 저마다 특징이 있다. 문체가 아니라 주제에서 말이다. 각각의 에세이는 작가가 자신만의 고유한 생각을 자각하는 결정적인 순간에 이르는 모습을 보여 준다. 작가가 가족과 지역, 문화 등을 통해 얻게 되는 보편적인 생각에서 벗어나 자신만의 생각을 하게 되는 것이다. 그러니 에세이에는 작가가 기존의 질서에서 벗어나는 모습이 담겨 있다. 글을 통해 자유롭게 생각하게 되는 것이다.

이는 글을 처음 쓸 때 자유로운 생각, 본인만의 고유한 생각을 담는 것이 중요함을 알려 준다. 어찌 되었든 작가의 자유는 언제나 끌어내야 하는 것이고 때로는 강제로 동원되어야 하는 것이다. 작가는 관찰과 느낌, 생각이 서로 조화를 이루는 글을 쓰며 자유롭게 말하는 자신만의 목소리를 발견하게 된다.

여기서 완벽하다고 생각되는 글만 살펴보는 것은 좋지 않다. 사람에게 극복해야 할 문제가 있는 것처럼 작가에게도 극복해야 하는 문제가 있다는 점을 아는 것이 중요하다. 사람들은 작가들이 얼마나 자주 완성도가 떨어지고, 비효율적이고, 어설픈 작품을 내놓는지 알 필요가 있다. 주제와 동떨어진 이야기, 중간에 다른 이야기를 하는 편지, 생각의 흐름대로 작성한 일기 등을 읽으면 사람들은 누구나 처음부터 글을 잘 쓰지는 못한다는 점을 알게 되고 자신의 경험을 고스란히 담아내는 글을 쓰는 게 얼마나 어려운지 느끼기 시작한다.

완벽하지 않은 글을 살펴보면 아무리 위대한 작가라도 자신의 내면 깊은 곳에 있는 생각을 독자에게 전달하는 것은 쉽지 않은 일임을 알 수 있다. 작가들은 은밀한 생각을 일기나 메모에 감춰 둔다. 불완전한 건 세상에 내놓고 싶지 않기 때문이다. 이런 식으로 작가를 이해하면 사람들은 목소리를 낸다는 것이 자신에 관해 혼자만 끊임없이 되새기는 게 아니라 모든 사람에게 자신을 보여 주는 것임을 인식하게 된다. 그렇게 되면 절뚝거리며 자신 없는 발걸음을 내딛는 지금을 받아들이기 쉬워진다.

◆ ◆ ◆

내가 종종 활용하는 에세이는 작가가 어린 시절이나 10대 시절로 되돌아가 특정 사건을 바라보며 그것이 자신을 형성하고 지배했다고 생각하는 에세이다. 이러한 에세이는 대부분 과거와 현재를 뚜렷하게 대조한다. 작가의 기억이 최대한 동원되며 몇 년 전에는 자신의 생각에 한계가 있었음을 스스로 인정한다. 경험에는 다양한 요소가 복잡하게 얽혀 있다. 작가가 생각에 한계가 있었음을 인정한다는 것은 어떻게 보면 그러한 경험을 온전히 자신의 것으로 만드는 과정이다. 특정한 경험을 기존 생각의 틀에 욱여넣는 게 아니라 그 경험에서 이야기가, 자신의 새로운 생각이 모습을 드러내도록 하는 것이다.

이러한 에세이는 특정한 경험을 통해 어떤 생각이 싹트기 시작하면 그 생각 쪽으로 서서히 움직인다. 한번 수면 위로 드러난 생각은 에세이에서 자유자재로 흐른다. 어떤 사람은 경험에서 생각이 싹텄을 때 받은 느낌이 가장 근본적이라고 할지 모른다. 생각이 '살아 있는 것'처럼 보이기 때문이다. 경험에 따라 쓴 에세이의 좋은 사례 하나가 가이 데이븐포트의 〈발견Finding〉이다.

데이븐포트는 이렇게 글을 시작한다.

> 어린 시절 일요일 오후마다 따분한 주일 학교와 끔찍하게 지루한 예배가 끝나면 정신이 황폐해졌다. 그러나 다행스럽게도 소고기 바비큐와 마카로니 파이를 먹고 후식으로는 복숭아 코블러˙를 먹으며 쉽게 달랠 수 있었다. 아버지는 우리를 엑시스에 태우고, 나중에는 패커드를 태워 인디안 화살을 찾으러 갔다. 우리가 원한 것은 인디언 화살을 찾는 게 아니라 화살을 찾으러 간다는 말 자체였다. 우리는 우리 가족이 다른 가족과 다르다고 생각하지 않았다. 내가 아는 가족 중에 유일하게 우리 가족만 일요일 오후마다 취미로 고고학 탐험

● 복숭아를 잘게 잘라 설탕을 넣어 졸이고 그 위를 밀가루 반죽이나 비스킷으로 덮어 오븐에 구워 낸 파이다. — 옮긴이 주

을 떠났지만 말이다.

이 에세이는 어린 시절이라는 매개를 통해 글을 시작한다. 그는 어린 시절의 일요일을 회상하며 이야기를 한다. 데이븐포트는 인디언 화살을 바로 언급하지 않는다. 이러한 느긋한 속도감은 자기소개서를 준비하는 사람에게 중요한 교훈을 준다. '아무리 짧은 에세이라도 서서히 이야기를 전개할 수 있다.'라는 점이다.

데이븐포트가 자신의 주장을 전달하기 위해 서두르는 느낌은 없다. 세부적인 묘사가 장면을 탄탄하게 만들어 준다. 교회에 간 이야기, 마카로니 파이와 복숭아 코블러를 먹은 일(미국 남부 지역 이야기임을 간접적으로 보여 주는 장면), 오래된 자동차인 엑시스나 패커드(시간적 배경이 1930년대임을 간접적으로 보여 주는 물건)까지 구체적으로 묘사해 독자와 신뢰를 쌓는다. 또한 그는 교회에 가는 게 고역이었던 감정을 무심코 언급하며 그 감정을 독자도 느낄 수 있도록 한다. 그리고 제 가족이 다른 가족과 다르다고 생각하지 않았음을 언급한다. 이는 나중에 생각해 볼 것의 단서다. 이처럼 그는 관찰을 하면서 느낀 것과 본 것을 말하기 위한 토대로 놓는다.

몇 문장으로 이 많은 효과를 줄 수 있다. 이것이 가능한 이유는 데이븐포트가 보고 느낀 것을 근거로 생각하기 때문이다. 또한 이를 바탕으로 생각을 확장하면서 더욱 개인적인 생각으로 이야기를 전개하는 것도 그러한 효과를 내는 이유다. 그는 이야기의 기본 요소, 즉 배경과 등장인물, 줄거리를 모두 독자에게 보여 준다.

배경은 마카로니 파이와 복숭아 코블러 같은 사소한 장치로 보여 준다. 등장인물은 자신이 교회에 다니는 가족에게서 얼마나 벗어나고 싶은지 보여 준다. 그는 가족과 함께하기도 하고 그들과 분리되고 싶어 하기도 한다. 그리고 줄거리는 인디언 화살을 찾는 단순한 행위다. 여기에는 이야기의 기본 요소가 관찰, 느낌, 생각이라는 기본적인 구조 위에 고요하게 겹쳐 있다. 관찰과 배경이, 느낌과 등장인물이, 생각과 줄거리가 하나로 통합되어 독자에게 제시된다. 이런 형식은 글을 통해 독자에게 울림을 주게 된다.

수많은 위대한 작가들처럼 데이븐포트도 '드러나지 않은 채' 글에서 많은 일을 한다. 글에는 거의 즉흥적으로 표현한 특징이 겹겹이 쌓여 있다. 그런데도 문장이 답답하거나 무거워 보이지 않고 풍부한 느낌을 전달한다.

이 글의 두 번째 부분에서 그는 더욱 깊이 있는 느낌을 전달한다.

때때로 우리는 인디안 화살을 찾으러 가고 싶다고 말한 사람들과 함께 가기도 했다. 내 생각에 그들은 대부분 나들이를 할 구실이 필요했던 것 같다. 우리는 이웃과 친구 등 같이 가는 사람들이 탐험을 함께하기에 괜찮은지 불편한지로만 판단했다. 사람들을 판단하는 내 태도는 이때 형성된 듯하다. 나는 놀라운 광경을 눈앞에 두고도 발견하지 못하는 사람이 있음을 알게 됐다. 희귀한 도끼를 밟고 서서 그 가치를 전혀 모르는 사람도 있고 부싯돌 파편과 수정을 구별하지 못하는 사람도 있었다. 한번은 우리가 유물을 발견하고 함성을 내지를 때 그 옆에서 아무 감흥을 느끼지 못하는 사람도 있었다.

우리는 화살촉이나 토기의 테두리를 발견했다. 그 테두리에는 그림이 그려져 있었다. 또한 항아리 받침이나 다른 중요한 유물도 찾아냈다. 우리는 그 경험을 잊지 못했고 그 후에도 우리가 찾은 것들을 계속 이야기할 수 있을 것 같았다. 손상되지 않은 파이프, 흠 없는 돌도끼, 부서지지 않은 창끝은 마치 어제 만들어진 것 같았다.

"놀라운 광경을 눈앞에 두고도 발견하지 못하는 사람이 있음을 알게 됐다."라는 표현을 보면 작가가 관찰을 중요하게 생각한다는 점을 알 수 있다. 데이븐포트는 관찰이라는 멋진 행위를 계속한다. 그리고 거기에 가족 탐험이라는 작은 설렘을 더한다. 그의 세계는 서서히 눈에 보이게 구축되고 있다. 작가의 성향이 천천히, 그리고 부분적으로 그 모습을 드러내는 것이다.

데이븐포트는 첫 번째 부분에서 장면을 한 번 묘사한 것에 만족하지 않는다. 그 장면을 두 번째 부분에서 더욱 깊이 있게 다룬다. 그는 경험을 다양한 각도로 보며 그 이면에 있는 의미를 알아내려고 애쓴다. 한 번 관찰하면 사물을 규정할 수 있다. 그리고 두 번 관찰하면 그 사물의 모난 부분이 사라지고 여러 가지가 균형 있게 자리를 잡는다. 세 번 관찰하면 사물은 완전성을 띠고 생명을 얻는다.

무언가를 반복적으로 보려고 노력하는 모습을 그의 에세이에서 찾을 수 있다. 그는 화살촉이나 항아리 받침, 돌도끼 등 소소한 유물을 발견하면서 자부심을 느낀다. 그리고 다음 부분에서 볼 수 있듯 완전한 생각을 끌어내려고 노력한다.

어린 시절은 아무 생각 없이 자기 성찰을 하지 않고 그냥 보냈다. 청소년기에는 어린 시절을 부끄러워하며 그 기억에서 등을 돌린다. 더 시간이 흐른 뒤 우리는 어린 시절을 찾아 나서며 그때는 믿기 어려운 놀라운 일들이 가득했음을 알게 된다.

여기서 나타난 생각은 의미가 가득하지만 아직 미완성이다. 에세이는 생각을 발전시켜 나가는 형식으로 진행된다. 글을 쓰는 사람이 어떻게 발전된 생각을 하게 되는지가 핵심이다. 생각은 에세이에서 중요한 역할을 하지만 데이븐포트는 어린 시절의 특정한 상황을 회상하면서 글을 시작한다. 생각은 잠시 미뤄 두고 말이다. 데이븐포트의 '발견'은 열정이나 취미를 발견하는 게 아니다. 가족의 삶과 그 삶을 함께 유지해 나갈 열쇠를 발견하는 것이다. 그의 가족이 찾는 것은 화살이 아니라 그들 자신이었다.

어쩌다 보니 나는 글과 그림을 가지고 유물을 찾는 방법을 배웠다. 감사한 마음이다.

'어쩌다 보니 배웠다.'라는 문장은 훌륭한 자기소개서의 근본적인 주제를 완벽하게 표현한다. 우연히 알게 된 것이다. 사람은 삶의 많은 부분을 우연히 배우게 된다. 특히 젊은 사람은 자신이 의도하지 않았을지라도 교육을 통해 인생의 어떤 부분을 알게 되는 경우가 많다. 이처럼 살면서 의도하지 않게 겪게 되는 경험에서 의미를 찾으려는 태도를 자기소개서에 담는다면 놀라움을 표현할 수 있다. 광산을 소재로 에세이를 쓴 글쓴이는 거기서 펼쳐지는 사건들에 놀라움을 느끼며 글을 시작한다. 또 다른 글쓴이는 오렌지를 자르면서 놀라움을 느낀다. 단순한 행위가 글쓴이에게 다양한 영향을 미친다. 그래서 글쓴이는 그 행위를 통해 발전해 나가는 자신을 보여 줄 수 있게 되는 것이다.

나는 장소나 상황, 심지어 단순한 행동에도 의식적으로 반응한다. 그런 감각은 어린 시절 탐험을 하면서 생긴 것 같다. 관찰하는 방법을 배우지 못하고 어른이 되는 사람이 있다는 것을 얼마의 시간이 흘러서야 알게 됐다. 겉모습을 보면서 세부적인 의미를 찾아내지 못하고, 어떤 풍경이 주는 정보를 이해하기 위해 전체를 보는 방법을 배우지 못한 사람이 있다.

> 아버지는 차를 타고 가다가 도랑 같은 곳이나 도로 옆에서 화살촉을 잘 발견했다. 그리고 가다가 멈추게 되면 아버지는 우리가 찾을 물건을 설명하기도 했다.

  우리는 이 글에서 글쓴이를 볼 수 있다. 직접 본 것 말고는 거의 말하지 않는데도 말이다. 그런데도 그의 에세이는 관찰로 가득하다. 결국 독자는 그를 훌륭한 관찰자로 신뢰하게 된다. 관찰한 것에서 교훈을 얻는 데이븐포트의 능력을 보며 독자는 신뢰를 점점 더 쌓아 간다. 마침내 독자는 데이븐포트가 유기적으로 에세이 안에 '존재한다'고 느끼게 된다. '완성된 에세이는 작가 자체다.'

  이게 바로 자기소개서를 통해 입학사정관이나 인사 담당자에게 전달해야 하는 느낌이다. 자기소개서를 읽는 사람에게 그 글이 진실이라는 믿음을 줘야 하며 글쓴이의 존재도 감지할 수 있도록 해야 한다. 글에 글쓴이가 존재하도록 하라는 말이 마법을 부리라고 하는 것처럼 들릴 수 있다. 실제로 독자가 글을 읽으면서 작가와 함께 있다는 느낌을 받는 것이 마법 같은 일일지 모른다. 글을 공들여 쓰면 그런 마법 같은 일이 생기기도 한다.

에세이의 후반부에 이르러서 데이븐포트는 독자와 함께 있는 것 같다. 그가 스스로를 독자와 함께 있는 모습으로 만드는 방법을 알고 있기 때문이다. 이렇게 독자와 함께 있는 모습은 결코 속임수가 아니다. 데이븐포트는 미사여구나 비유적인 언어를 거의 사용하지 않는다. 그가 글에 존재할 수 있는 이유는 모호한 암시가 아니라 구체적으로 관찰하기 때문이다. 자세히 관찰한 후 생각이 뒤따르고, 생각이 형성되면 그것이 관찰에 녹아들기 때문에 그는 글에 실존할 수 있다.

내가 말하는 관찰은 단순히 시각적인 관찰이 아니라 인간이 가진 모든 감각을 동원하는 관찰이다. 데이븐포트는 독자가 오감을 모두 사용해서 실체에 가까이 다가가도록 한다. 독자는 화살촉을 관찰하는 그를 보면서 그것을 만지고 있는 그도 본다. 화살촉에 대해 이야기하는 그를 보기도 하고 때때로 화살촉이 있는 장소의 냄새를 맡는 그의 모습까지 느낀다. 그의 에세이는 미완성의 삶을 온전히 관찰해 보여 주기 때문에 삶의 충만함을 담아낸다.

아마도 사물들은 그 실체가 절반만 드러난 채 나머지는 베일에 가려져 있어야 할지도 모른다. 나는 어린 시절 내내 많은 영역을 조사하면서 그런 교훈을 얻었다. 자신이 무슨 일을 하고 있는지 정확하게 아는 사람은 어떻게 보면 그 행위의 핵심 요소를 놓치고 있는지도 모른다. 모든 것이 신의 뜻대로 될 것이라고 여기는 우리 가족은 깊게 걱정한 것이 별로 없었다. 우리 가족이 걱정을 한 것이 있다면 대학에 입학하는 것 정도였는데 그것도 그렇게 심각하지 않았다. 그래서 나는 어린 시절에 그림을 그리고, 물건을 만들고, 글을 쓰고, 책을 읽고, 놀면서 꿈을 크게 키웠다. 누구도 잔소리하는 사람이 없었다. 나중에 사람들이 나를 썩 총명한 아이가 아니라고 생각했다는 것을 알게 됐다. 내가 스스로 발견한 무언가가 일반적이지 않았기 때문이다. 대학에 들어갔을 때는 어떤 목표도 발견하지 못했다. 내게는 소명 의식도, 전문성도, 야망도 없었다.

내가 가르치는 사람들은 보통 데이븐포트의 에세이에 어떻게 접근해야 하는지 잘 모른다. 그들은 매우 정형화된 꿈을 말하는 데 익숙하고 또 그렇게 해야만 인정을 받는다. 하지만 데이븐포트는 특별한 목적을 발견하지 못했다고 솔직하게 말한다. 그의 모습을 보고 사람들은 두려움과 흥미를 동시에 느낀다.

데이븐포트는 자신이 한 발견이 어렵게 얻은 것임을 밝힌다. 그는 이러한 과정을 과거의 일로 묻어 두지 않는다. 자신이 발견한 것에서 새로움을 찾아 보여 주고 있다. 그래서 자신의 생각을 표현할 때는 잠정적으로 언급한다. 그런 생각들이 앞으로 무슨 경험을 하게 되느냐에 따라 달라질 것임을 알기 때문이다. 마치 자신의 생각을 느슨하게 잡고 있는 것 같다. 에세이 전반에, 그리고 마지막까지 새로운 경험이 자신의 삶과 충돌하게 될 것이라는 자각이 담겨 있다. 그래서 그는 새로운 경험을 새롭게 표현할 수밖에 없다. 다음은 에세이의 마지막이다.

내가 성장하자 우리 가족은 탐험에 나서지 않았다. 마지막, 아니 탐험을 끝낼 즈음 어느 날 오후 해가 질 무렵이었다. 우리는 발견한 물건을 손에 들고 있었고 우리 가족의 의식이라고도 할 수 있는 일을 하며 하루를 마무리하고 있었다. 교차로에 있는 상점으로 가 아이스박스에서 코카콜라를 꺼내 마시고 있었던 것이다. 그때 상점 주인은 "라디오에서 엄청나게 많은 일본 비행기가 하와이주 전체를 폭파했다는 뉴스가 나옵니다."라고 말했다.

에세이는 외부 세계의 침입으로 끝을 맺는다. 데이븐포트는 자신의 작은 세계가 어떻게 달라졌는지 말하지 않고 그냥 끝낸다. 결론에서는 의도적으로 전지전능함을 피한다. 작가는 어렵게 노력해서 자신의 삶을 조금이나마 이해했을지 모른다. 하지만 그러한 노력과 상관없이 외부에서 들이닥칠 수 있는 요소들이 여전히 많이 존재한다.

독자는 이제 데이븐포트가 새로운 발견을 계속해 나가야 한다고 생각한다. 그를 조금 알게 되었기 때문에 독자는 데이븐포트가 그렇게 할 준비가 되었다고 느낀다. 마침내 에세이의 제목에 담긴 의미가 명백하게 밝혀진다. 발견은 관찰이다. 땅을 관찰해 화살촉을 발견한다. 그리고 발견은 느낌이다. 발견을 통해 가족의 결속력을 회복시킨다. 또한 발견은 생각이다. 물건을 잘 발견하는 방법을 배웠기 때문에 그는 자신에게 똑같이 중요한 의미가 있는 다른 것도 계속 발견할 수 있을 것이라고 생각한다.

◆ ◆ ◆

자기소개서를 명확하게 쓴다는 것이 꼭 계획을 명확하게

적으라는 뜻은 아니다. 오히려 자신이 '누구인지'를 명확히 쓰라는 것에 가깝다. 사람은 누구나 계획을 세운다. 그리고 계획은 변한다. 앞날을 계획하면 늘 모호함이 생기기 마련이다. 당신이 계획한 일을 끝낼 때 그 일을 반드시 당신이 끝내는 것도 아니다. 따라서 결론은 당신의 최종적인 인상을 입학사정관이나 인사 담당자에게 맡기는 것이다.

남들과 똑같은 모습을 보여 주기보다 명확하고 독특하게 기억되고 싶지 않은가? 그러려면 포부를 평범하게 언급하기보다 조화로운 이야기, 특별한 경험, 어떤 상황을 자세하게 묘사한 것들이 입학사정관이나 인사 담당자의 뇌리에 박힐 가능성이 더 크다. 변호사가 되고 싶다, 의사가 되고 싶다, 회계사가 되고 싶다, 라고 말하는 꿈은 다 비슷비슷하게 들리기 때문이다. 또한 대학이나 회사에서는 이런 식으로 한정된 분야에만 관심을 갖는 사람보다 훨씬 더 다양한 지식을 다루며 더 넓은 시각을 가진 사람을 원한다.

어떤 공부를 하겠다든지, 어떤 일을 하겠다는 의도는 언제나 미래와 관련된다. 특히 자기소개서를 작성할 때 그렇다. 따라서 자기소개서의 결론은 반드시 '잠정적'이어야 한다. 그러한 결론 속에서 가능성을 더 활짝 열어야 한다.

자기소개서는 짧은 글이다. 그렇기에 비전을 펼치는 범위는 좁을 수밖에 없다. 그렇지만 자세한 관찰을 기반으로 해서 관심사를 이야기해야 한다. 이때 관심사는 특정한 학과목이나 특정 업무를 가리킬 수도 있다.

잘 쓴 자기소개서에는 글쓴이가 자신의 내면에 있는 알지 못했던 영역을 경험한 내용이 담긴다. 호기심과 모험이 있으며 고정된 목표가 아니라 '진행 중인 목표'로 끝이 난다. 데이븐포트의 에세이는 그저 앞으로 나아갈 것이라는 생각으로 결론을 맺는다. 그의 에세이를 읽으면서 독자는 때때로 불확실하고 힘겨운 싸움에 직면하게 될지도 몰라 두려움이 생기더라도 데이븐포트가 계속 자신감을 갖고 나아갈 것임을 믿게 된다.

글을 다 읽은 후 독자는 그가 자유롭게 움직일 것이라는 생각을 한다. 작가는 불확실한 세상도 열린 마음으로 대한다. 외적인 경험, 내적인 경험에 모두 열린 마음을 갖는 건 세상에 발을 디딜 수 있도록 한다. 그는 보고, 느끼고, 생각하면서 전혀 위축되지 않는다.

잘 쓴 에세이는 순차적으로 진행되는 경우가 많다. 경험은, 더 정확하게 말하면 관찰과 느낌은 통찰로 이어진다. 그다음에는 글쓴이에게 사색의 대상이 된다.

처음부터 계속 살펴봐 온 에세이에서 한 명은 광산에 가고 또 한 명은 오렌지를 자른다. 두 개의 에세이 모두 경험의 무게가 더해지면서 글쓴이가 기존의 자신을 벗어나게 된다. '나는 지질학자가 되겠다.'라는 식으로 출발하는 게 아니라 모든 가능성을 열어 둔 채 경험을 전개한다.

수학적 능력이나 언어 능력 같은 여러 능력을 점수나 자격증 같은 요소로 판단할 수 있듯 입학사정관이나 인사 담당자들은 사람의 특성 역시 어떤 요소로 정의 내릴 수 있다고 생각하는 경향이 있다. 그렇다고 해도 자기소개서에 '변화'의 가능성만 담아도 된다. 관심이 어떻게 발전했으며 생각은 어떻게 변화했는가? 어떤 조건에서 그런 현상이 일어났는가?

여기서 어떤 연구를 할 때 과정에 얼마나 초점을 맞추는지 참고해 보자. 예를 들어 법학 교수는 법이 해석되고 재해석되는 끊임없는 과정을 다룬다. 과학자는 세포 분열과 단백질 분해, 원자 분열을 연구한다. 각 분야의 연구자들은 모두 변화가 일어나는 방식을 이해하려고 새로운 시도를 한다. 이들은 어떤 현상을 단순히 추상적으로 설명하는 게 아니라 '사건' 자체를 예민하게 받아들이려고 노력한다.

모범적인 학술 연구는 어떤 사건이나 경험에서 가장 중요한 이론 하나를 얻기보다 가설을 바탕으로 추론을 해 나가는 것이다. 이런 방식으로 한 번에 하나씩 새롭게 알아 가며 지식을 확장시킨다. 그러니 최종적인 생각에 이르렀다 해도 추론의 조각들이 지식 위에 자리를 잡을 때까지는 생각을 결론으로 여기는 일을 피하자. 데이븐포트가 에세이의 제목을 '발견된 것Found'이 아니라 '발견Finding'이라고 한 것이 좋은 예다.

'알지 못함'은 글쓰기의 한 부분이다. 더 정확하게 말하면 글쓰기라는 행위에는 알지 못함, 앎, 알기를 원함이 함께 들어 있다. 앎이 없는 글쓰기는 근거 없는 추측을 낳는다. 앎과 글쓰기가 결합하면 과신으로 이어질 수 있다. 반면 알기를 원함과 글쓰기의 결합은 불완전한 지식을 도출할 수 있다.

다음 문장이 어디로 향할지 완벽하게 알고 글을 쓰는 사람은 없다. 하지만 어느 정도 대략적인 생각은 대부분 갖고 있다. 이 생각에는 관찰과 느낌이 표류할 공간이 있어야 한다. 그래야 이리저리 떠돌던 관찰과 느낌이 비로소 생각이 된다.

= *personal storytelling* =

6장

하나의 스토리텔링 구성하기

글쓰기는 집을 짓는 것과 같다

TIP

1. 글에 수준 높고 복잡한 생각을 담지 않기
2. 주제에서 벗어나지 않는 글을 쓰기
3. 모든 글에 글쓴이의 세계를 담기
4. 다시 보고 또 보고 여러 번 보기
5. 결론을 빨리 확정하지 않기

　자기소개서를 쓸 땐 처음에 길이가 다소 긴 글을 쓴다. 그런 다음에는 제시된 짧은 질문에 답을 적는다. 사람들은 질문에 관한 답은 마지막에 채우면 된다고 생각한다. 질문들은 서로 완전히 별개의 것처럼 보이는 경우가 많다. 질문이 서로 연관되어 있다는 느낌은 들지 않는다. 간혹 몇몇은 질문들이 서로 관련이 있다는 느낌을 받으면서 답을 한다. 하지만 그렇더라도 그 답은 연결되지 않는 경우가 많다.

　많은 사람들이 SAT 점수는 몇 년 동안 기억한다. 하지만 자기소개서에 언급한 말은 거의 기억하지 못한다. 사람들은 자신들이 질문에 정확하게 답변하는 데만 신경을 쓴다는 점을 인정한다. 고등학교나 대학교에 다닐 때 중요했던 것은 제기된 질문에 답변을 하는 것이었기 때문이다. 그들은 인쇄된 질문을 해독하는 능력을 키워 왔다. 완벽한 답이 있는 것처럼 보이는 질문에 어떻게 해서든 '맞는' 답을 찾아야 한다고 생각한다. 그것 말고는 다른 선택이 없다.

입학사정관이나 인사 담당자는 지원자의 답변을 읽으며 그 글이 어떤 질문에 대한 답변인지 정확하게 인지하는 경우가 드물다고 말했다. 그들은 질문을 건너뛰고 답변을 훑어본다. 지원자가 어떤 사람인지 대략적으로 파악하려고 말이다. 이런 의미에서 합격은 어떻게 보면 문학적인 면에 좌우된다고 할 수 있다. 즉 입학사정관이나 인사 담당자는 입증할 수 있는 논리나 생각이 아니라 답변들에 내포된 어떤 강렬한 인상에 이끌리는 것이다.

그러므로 자기소개서에는 자신의 생각을 장황하게 늘어놓지 않아야 한다. 사람의 정신은 동시에 여러 가지 요소에 주의를 기울인다. 그리고 그러한 요소들 사이에 공통점이 있다는 느낌을 받으면 그 요소를 어느 정도 확장시킬 수 있다. 이렇게 다양한 요소 사이에 공통점이 있어 하나가 되는 느낌을 전달하는 자기소개서를 나는 '하나의 스토리텔링'이라고 부른다.

하나의 스토리텔링이 되려면 각각의 요소를 높은 수준으로 설계해야 한다. 이는 매우 특별하다. 잘 쓰인 하나의 스토리텔링에는 명확한 목소리와 탄탄한 중심 이야기, 일련의 주변 이야기가 있다. 하지만 이야기 전반적으로 자신에 관한 명확한 목소리를 내려면 여러 이야기에 일관성이 있어야 한다.

❖ ❖ ❖

단어와 문장, 문단은 완성된 자기소개서를 구성하는 요소다. 하지만 그 요소들을 하나로 합치기만 한다면 완성된 자기소개서라고 할 수 없다. 지원자의 관찰과 느낌, 생각을 보여주는 방법은 스토리텔링이라는 특별한 방법이다. 사람들은 사소하지만 강렬하게 겪은 경험을 주제로 글을 쓸 때 가장 자신 있게 잘 쓰는 경향이 있다. 그러한 경험을 바탕으로 글을 쓸 때 그 글에 진정성이 담기기 쉽다. 그럴 때에야 관찰과 느낌, 생각의 조화가 좋은 글로 이어진다.

그러나 이런 사소한 경험이 자신의 내적 세계를 탐색할 수 있는 정도는 되어야 한다. 여기에는 개인적인 느낌이 포함된다. 웨스트버지니아의 광산을 소재로 에세이를 쓴 글쓴이는 자신이 망설이고 있다는 생각을 표현하지 않을 수도 있었다. 보고 느낀 것을 밝히면서 이를 어떻게 표현해야 할지 몰라 절망감을 느낄 수도 있다. 또한 자신이 무엇을 보고 느꼈는지 충분하게 자각하지 못할 수도 있다. 단지 자신과 집단의 거리감이 점차 커진다는 불편한 감정만 느낄 수 있는 것이다. 글쓴이는 더 이상 집단에 속하지 않는다는 느낌을 갖는다. 하지만 그 이유에 대해서는 확신이 없다.

이때 노트를 든 남자의 손이 떨리는 모습을 본다. 이는 그 남자에 대한 글쓴이의 관점을 바꾸는 계기가 된다. 그 남자에게 가졌던 나쁜 인식을 버리고 새롭게 평가한다. 날카롭게 관찰했기에 날카롭게 느낄 수 있다. 남자의 손이 떨리는 모습을 보게 되리라고는 예상하지 못했을 것이다.

여기서 짧은 이야기를 만들 수 있다. 이는 짧고 강렬한 경험을 이야기하는 매우 발전된 문학 형태다. 자기소개서는 결론에 와서야 논증적으로 전환되는 이야기인 것이다. 자기소개서는 이야기를 활용해 절정에 이르고 이야기에서 의미를 끌어낸다.

자기소개서의 모든 요소는 반드시 발전해 나가는 힘을 내포하고 있어야 한다. 그러면 입학사정관이나 인사 담당자에게 당신이 열린 존재이며 발전적 존재임을 알릴 수 있고 당신이 대학 입학이나 취업을 결심한 지점으로 시선을 유도할 수 있다. 하지만 이야기의 장점은 또 있다. 당신을 '한 사람'으로 확고하게 보여 준다.

입학사정관이나 인사 담당자는 이야기를 통해 당신의 목소리를 알게 되고 신뢰를 갖는다. 이야기가 진행되면서 당신을 믿게 된 입학사정관이나 인사 담당자는 당신이 대학에서, 또 회사에서 어떤 일을 해낼지 생각한다. 그리고 당신이 해낼 성취는 이야기의 대단원이자 자연스러운 결론이다.

좋은 이야기에는 행동과 흐름, 다양성이 있다. 잘 전개되는 이야기는 각각의 사건에 직면하면서 변해 가는 지원자를 보여 준다. 좋은 이야기는 찰나의 순간을 고스란히 담아낸다. 이를 통해 어떤 순간을 온전히 경험하는 누군가를 보여 줄 수 있다. 이런 형태의 이야기는 제임스 조이스가 '통찰'이라고 부르는 발견을 중심으로 전개된다. 여기서 말하는 발견은 삶의 기본이 되는 것인데 이전의 삶에서는 발견하지 못한 것을 알게 되는 것이다. 자신에게 몰입한 순간에 이런 발견을 하게 된다. 그 이유는 경험을 통해 발견하지 못했던 것을 발견하고 경험 안에 있는 질서를 알게 되었기 때문이다. 하지만 이를 삶으로 받아들일 수단이 없는 경우가 많다.

이런 의미에서 자기소개서 같은 짧은 이야기는 작성하기 어려울 수 있다. 경험이 쓴 가면을 벗기고 기존의 형태를 제거해야 하기 때문이다. 그렇지만 어떤 상황을 현재에 맞추려고 왜곡하지 않은 글은 새로운 상황을 관찰하도록 독자를 이끈다.

・・・

내가 좋아하는 단편 소설은 윌리엄 카를로스 윌리엄스의 《무력의 사용 The Use of Force》이다. 두 장에서 세 장 정도 분량의 소설로 자기소개서의 분량과 크게 차이가 나지 않는다. 이 이야기는 짧은 시간 안에 일어난 일을 다룬다.

윌리엄스는 시인이자 의사였다. 그는 디프테리아에 감염된 가난한 환자를 자주 치료했다. 이것이 소설의 주제다. 배경 설명을 많이 하지는 않지만 많은 정보를 보여 주고 더 많은 내용을 암시한다. 다음은 소설의 시작 부분이다.

그들은 내 새로운 환자였다. 내가 아는 것이라고는 올슨이라는 이름뿐이었다. 그는 내게 "최대한 빨리 와 주세요. 제 딸이 매우 아파요."라고 했다.

그 집에 도착하니 아이의 어머니가 나를 맞았다. 무척 놀라 보이는 그녀는 매우 품위 있게 미안해했다. 그녀는 그저 "의사예요?"라고 말하고 나를 안으로 들여보냈다. 그리고 뒤에서 말했다. "양해 부탁드려요, 선생님. 아이를 따뜻한 주방에 있게 했어요. 이곳은 너무 눅눅해서요."

소설은 훌륭한 관찰로 시작한다. 첫 번째 문단은 긴급한 분위기를 설정한다. 두 번째 문단에서는 "무척 놀라 보이는" 어머니를 보여 준다. '놀랐다'라는 단어가 눈에 띄며 이야기의 분위기를 전달한다. 그리고 그 단어가 앞으로 어떤 작용을 할지 미리 보여 주고 있다. 그것은 놀람이나 공포 때문에 생기는 불안감을 의미할 수도 있고 갑작스럽게 충격을 받아 자신도 모르게 생기는 감정을 의미할 수도 있다.

윌리엄스는 그 가족이 가난하다는 말은 전혀 하지 않는다. 단지 아이의 어머니가 집에서 유일하게 따뜻한 공간으로 그를 안내하며 그 가정의 빈곤한 상태를 보여 주고 있다. 그다음 아픈 딸이 등장한다.

> 아이는 옷을 다 갖춰 입고 주방 테이블 옆에서 아버지 무릎에 앉아 있었다. 아버지가 몸을 일으키려고 했지만 나는 가만히 있어도 된다는 몸짓을 했다. 외투를 벗고 상황을 살펴보았다. 가족이 모두 매우 긴장하며 나를 의심의 눈초리로 위아래 훑어보았다. 그런 경우 흔히 사람들은 많은 정보를 말하지 않는다. 그들에게 상황을 알려 주는 것은 내 몫이었다. 그 상황을 알기 위해 그들은 내게 3달러를 낸다.

이제 감정이 더욱 강력하게 작용하기 시작한다. 가족은 긴장하고 의심스러워한다. 의사는 인후 배양 검사를 하려고 하지만 아이는 소리를 지르며 저항했다. 부모가 아이를 꽉 잡으려고 했다. 그 공간에서 감정이 흘러넘치고 있다.

이어지는 글에서 윌리엄스는 빠르게 당혹, 걱정, 수치, 히스테리까지의 감정을 보여 준다. 부모가 아이를 움직이지 못하게 잡고 있는 동안 윌리엄스는 강제로 아이를 살핀다. 검사를 하려다가 마치지 못한 뒤의 상황을 그는 이렇게 묘사한다.

아이의 입에서는 피가 나고 있었고 혀에는 상처가 났다. 아이는 발작적으로 거칠게 비명을 질렀다. 그만두고 한두 시간 후에 다시 와야 할까. 분명히 그게 더 나을 수 있다. 하지만 나는 그런 경우에 방치된 채 죽어 있는 아이를 적어도 두 명은 보았다. 그래서 당장 병명을 찾아야 한다고 생각했다. 그렇지 않으면 다시는 아이의 상태를 살피지 못할 수도 있다. 나는 다시 진찰을 시작했다. 하지만 가장 큰 문제는 나 역시 이성을 잃어 간다는 점이었다. 나는 화가 나서 아이를 부모에게서 강제로 떼어 놓고 진찰을 할 수도 있었다. 내 얼굴은 벌겋게 타오르고 있었다.

그런 경우 어떤 사람은 스스로에게 '그 괘씸한 꼬마가 자신의 어리석은 행동 때문에 해를 입으면 안 된다'고 말한다. 그러나 다른 사람들이 아이의 병에 전염되는 일이 있어서도 안 된다. 그건 사회적 필요다. 이는 모두 사실이다. 하지만 이때에는 힘을 쓰고자 하는 욕망에서 생기는 맹목적인 분노, 어른으로서 느끼는 수치심이 작용했다. 그리고 이럴 때 사람은 끝까지 밀어붙인다.

나는 최후의 비이성적인 공격을 했다. 아이의 목과 턱을 강제로 잡은 것이다. 그리고 묵직한 은 숟가락으로 아이가 구역

질을 할 때까지 목 안을 살폈다. 양쪽 편도선이 세포막으로 덮여 있었다. 아이는 내게 자신의 비밀을 감추려고 용감하게 저항했다. 아이는 적어도 3일 동안 인후염을 감추고 있었다. 이런 검사를 받지 않으려고 부모에게 거짓말을 했던 것이다.

관찰이 느낌을 낳고, 느낌이 생각을 낳는다. 이 모두는 분리되어 있지 않으며 극적인 순간에 하나가 된다. 아이의 증상을 관찰하면서 저항에 부딪친 윌리엄스는 자신이 아이에게 비이성적인 공격을 한다고 생각한다. 그는 아이를 도우려 했지만 그가 사용하는 무력은 비이성적인 수단일 뿐이다.

소설의 힘은 관찰과 느낌, 생각과 밀접한 관련이 있다. 처음에는 유일한 관찰자로 존재하던 의사가 눈앞의 상황에서 생겨나는 감정에 휘말리고 그로 인해 달라지는 자신을 관찰한다. 느낌은 생각으로 이어진다. 하지만 생각은 느낌 때문에 변질되어 '비이성적'이 되기도 한다. 이 소설의 정수는 임상적 관찰과 강렬한 감정, 그에 따른 생각의 융합이다. 윌리엄스는 "이는 모두 사실이다."라고 멋지게 표현한다.

좋은 소설이 이보다 더 나은 결론으로 끝나지는 않을 것이다. 윌리엄스는 소설의 제목인 '무력의 사용'으로 메시지를 암시할 뿐, 그보다 더 많은 말은 애써 억제한다.

다른 단편 소설처럼 이 소설에 담긴 생각 역시 낱낱이 드러나지는 않는다. 소설은 암시적이고 언제나 무언가를 말할지 고민하는 듯 보이기 때문이다. 하지만 여기서 "사람은 끝까지 밀어붙인다."라는 윌리엄스의 운명론적인 표현이 아이를 제압해야 할 필요성을 역설할 때 소설의 흐름은 잠시 끊긴다.

이 지점에서 독자는 마음속으로 무력을 사용하는 것에 대한 의문을 품기 시작한다. 이런 의미에서 이 소설은 생각의 완성이 아니라 생각의 출발을 제시한다. 끝나지 않은 무언가를 시작하는 것이다.

좋은 이야기는 자기소개서를 작성할 때 매우 유용하다. 그것은 경험을 열린 마음으로 받아들이는 모습을 보여 줄 수 있고 상황 자체를 인식하는 능력을 드러낼 수 있다. 복잡한 상황을 강제로 제거하려고 하지 않고 있는 그대로 보여 주면서 그것을 받아들이는 능력이 글쓴이에게 있다는 것을 좋은 이야기를 통해 알릴 수 있다.

윌리엄스는 단호하지만 솔직하게 "사람은 끝까지 밀어붙인다."라는 말을 할 수 있었다. 좋은 이야기가 발화의 솔직함에 힘을 실어 준 것이다.

심리학자들이 소설을 수집하는 이유는 연구 사례로 삼아 복잡한 심리 상태를 보여 줄 수 있기 때문이다. 역사가들도 역사의 자료로써 소설을 수집한다. 윌리엄스의 소설은 의사들의 필독서에 포함됐다. 의학을 전공하려는 많은 사람이 병원에서 자원봉사를 하며 이 책을 읽었다. 그들은 소설 속 상황과 유사한 경험을 했다고 말했다.

윌리엄스의 소설을 읽은 사람들은 윌리엄스가 그의 경험을 표현하기 위해 사용한 방법을 자세하게 들여다보았다. 그러고 나서 자신들의 경험과 비교해 보며 의미를 찾을 수 있었다. 물론 의학을 공부하려는 모두가 윌리엄스처럼 훌륭한 이야기를 써 나갈 수 있었던 건 아니다. 하지만 자기소개서의 목적에 적합한 이야기를 발견해 적을 수 있었다.

여기서 내가 말하고자 하는 바는 보다 높은 수준의 글을 써야 한다는 것이다. 이는 어려운 게 아니다. 진실이 담긴 언어와 강렬하고 간결한 문장을 가지고 명확하고 세세하게 묘사하면서 스토리텔링을 하는 데 특별한 주의를 기울이기만 하면 자연스럽게 글을 잘 쓸 수 있다. 여기서 특별히 문학적인 기술을 사용할 필요는 없다. 윌리엄스의 소설이 보여 주는 것처럼 진실함과 강렬함, 명확함만 있으면 된다.

❖ ❖ ❖

 소설 자체는 '무력의 사용'이라는 제목 말고는 어떤 결론도 내지 않는다. 이러한 경험을 근거로 자기소개서를 쓴다면 무력 사용 문제를 강조하는 데 더 주안점을 두어야 할 것이다. 하지만 소설 자체의 함축성을 훼손해서는 안 된다. 무력이 한 번 사용됐다면 그러한 무력을 사용한 사람의 이성에 의문을 제기해야 한다. 어려운 상황이나 특정한 문제와 관련해서도 열린 마음으로 많은 의문을 품어야 한다. 눈에 보이지 않는 현실이 늘 존재하기 때문이다.
 이 현실을 중심 이야기로 다루거나 추가 질문 중 하나에 짧게 답할 때 사용할 수 있다. 이 대답은 다른 질문에 대한 대답과 연결되어 이 글을 읽는 입학사정관이나 인사 담당자는 자기소개서의 중심 이야기를 확실히 기억하게 된다. 이때의 대답이 그렇게 거창할 필요는 없다. 하지만 각각의 질문들에 대한 대답은 지원자의 가장 강력한 이야기를 담아 반향을 불러일으켜야 한다.
 광산을 소재로 쓴 에세이의 글쓴이는 추가로 다음의 글을 쓰면서 광산의 현실에 다가갈 수 있었다.

웨스트버지니아 여행을 마치고 돌아왔을 때 한번은 에어컨을 최대로 강하게 틀었다. 그리고 눈을 감고 생각에 잠겼다. 내가 거기에 없다는 게 기뻤다. 그러다 깜짝 놀라서 두 눈을 떴다. 내가 거기에 있었다. 광부들이 석탄 가루를 뒤집어쓴 것처럼 에어컨이 내뿜은 석탄 가루가 나를 덮쳤다. 이곳 펜실베이니아에서 사용하는 에너지는 대부분 석탄에서 나온다. 광부들은 날마다 석탄을 지구 밖으로 빼내며 자신의 생명을 단축시킨다. 그 덕분에 나는 몽고메리 카운티에 있는 우리 집 거실에서 몸을 뻗고 누워 금속 기계에서 나오는 시원한 바람을 맞을 수 있는 것이다. 나는 우리가 소비하는 에너지와 우리가 얼마나 밀접한 관련이 있는지 되새겨 보았다. 이전에 학교에서 전시회를 할 때 테이블에 전시해 두었던 저탄소 주택에 대한 책들 중 하나를 펼쳐 보았다. 저탄소 주택의 창문 설치를 위한 여러 가지 요건이 나열되어 있었다.

저탄소 생활에 앞장서는 일은 쉽지 않을 것이다. 그리고 무엇을 해야 하는지 실제적인 아이디어를 내기 전에 많은 공부를 해야 할 것 같다. 이제 나는 그 공부를 할 준비가 되었다고 생각한다.

앞서 나온 오렌지를 소재로 에세이를 쓴 글쓴이 역시 또 다른 글을 추가해 주어 지질학의 현실에 접근할 수 있었다.

지난여름 나는 조지아 대학교에서 현장 지질학 수업을 들었다. 근사한 현장이 스톤 마운틴 근처에 있었다. 친구 여섯 명에서 여덟 명이 절벽에 매달려 90도의 열을 가해 바위들을 잘라 냈다. 나는 절벽 아래서 밧줄에 신경 쓰고 있었다. 트레일러 한 대가 내 뒤로 와 멈추었다. 어떤 여성이 10대 두 명을 데리고 차에서 내렸다. 그녀는 위를 가리키며 말했다.

"너희가 학교에서 공부를 열심히 하지 않으면 어떻게 되는지 똑똑히 보렴. 너희도 저 사람들처럼 될 거다. 남은 인생을 밧줄에 묶여서 바위를 깎으며 보내게 될 거야. 저 사람들도 자신이 한 일 때문에 벌을 받고 있는 거야."

바위를 깎는다니! 친구들은 이 이야기를 전해 듣고 웃었다. 하지만 교수님은 웃지 않았다. 나는 교수님에게 왜 웃지 않느냐고 물었다. 그때 교수님은 잊지 못할 말을 해 주었다.

"그 여성분이 한 말이 맞다. 우리는 지구에서 광물을 채취하지. 단순히 샘플을 채취하는 것이라면 바위를 깎는다고 해도 할 말이 없지만 우리는 대대적으로 광물을 발굴하기 위한 선발 정찰대나 마찬가지야. 몇 년 전, 나는 몽골 정부에서 추진하는 금광을 찾는 탐사지질학자로 일했단다. 우리 팀은 금맥을 찾았지만 그 누구에게도 알리지 않고 금광을 빠져나왔지. 그리고 그 정보를 금광 회사들에 알려 주었단다. 그래서 다른 사람들이 알기 전에 금광 회사들은 금이 매장된 광산을 모조리 사들였어. 우리는 우리를 도와주었던 사람들을 모두 배신한 거야. 지금도 나는 가끔 잠을 이루지 못한단다. 탐사지질학은 보석 채권과 콘크리트가 섞인 윤리 위에 서 있다는 생각이 든다. 석유지질학이라고 해서 더 나을 게 없지."

여기에 대한 답을 나는 모르겠다. 이 분야를 오래 연구한 교수님도 마찬가지였다. 우리의 안락한 생활은 사람들이 온갖 희생을 감수하며 지구에서 추출한 광물에 의존한다. 나는 지질학을 계속 공부하기로 결심했다. 하지만 두 눈을 크게 떠야 한다. 과학은 과학이 알고 있는 게 전부이기도 하지만 과학이 하는 게 전부이기도 하다.

모든 짧은 대답은 반드시 긴 대답, 중심 이야기와 이어져야 한다. 모두 중심 이야기를 강조하고 더 기억하기 쉽게 해 주는 힘을 발휘해야 한다. 입학사정관이나 인사 담당자의 주의가 흐려지지 않도록 중심 이야기로 그들의 주의를 부드럽게 다시 돌려야 한다. 그러려면 예상을 벗어나는 많은 일을 반향을 일으키는 방식으로 이야기 속에 담을 수 있다. 음악에 재능이 있는 지원자라면 병원을 떠날 수 없는 중증 환자들을 위한 콘서트를 계획하는 모습을 보여 줄 수 있다. 운동을 잘하는 사람은 스포츠 시연 영상을 만들 수 있다.

하나의 스토리텔링에서 짧게 보여 주는 이야기는 학술적일 필요가 없다. 그러한 이야기는 하나의 스토리텔링에서 지원자의 통합된 모습을 보여 주는 데 기여하기만 하면 된다. 지원자가 건설적인 태도로 경험에 열린 자세를 가졌다는 것을 어떤 식으로든 보여 주면 되는 것이다.

◆ ◆ ◆

이야기를 체계적으로 구성하는 것은 쉬운 일이 아니다. 가벼운 주제로 단순하고 짧은 이야기를 만들어 내는 건 쉽다. 하지만 하나의 스토리텔링을 쓸 때는 개별적인 듯 보이는 짧은 이야기들을 모두 중심 이야기로 가져와야 한다. 그래서 대부분 소설에는 두세 개의 이야기가 엮여 있다.

이야기의 종류가 너무 많으면 혼란스럽기도 하고 전체적으로 뭘 말하고자 하는지 알지 못하게 된다. 이야기는 관련이 있지만 너무 똑같은 부분이 많지는 않아야 하고, 거리감이 있지만 너무 연관이 없어도 안 된다. 이러한 기술을 나는 '상호성'이라고 부른다. 상호성이 있는 글에는 명확한 경계가 있지만 서로 공유하는 게 있다.

《전쟁과 평화》를 예로 들자면 이 소설에서는 등장인물 두 명이 아주 다르다. 하지만 그들은 같은 시대에 살고 있다. 이야기가 원형적으로 보이려면 서로 얽히고설켜야 한다. 살아 움직이는 하나의 스토리텔링을 쓰기 위해서는 서로 의미가 관련되어 있는 다양한 이야기가 필요하다. 이야기에 관련성을 부여하려면 보통 시간과 장소를 같게 설정하면 된다.

헤밍웨이의 《우리 시대에》에 있는 다양한 이야기를 하나로 묶어 주는 요소는 시간이다. 시스네로스의 《망고 스트리트에 있는 집》에서는 장소가 이야기를 하나로 묶어 준다. 이 글들은 스토리를 과도하게 조정하지 않기 때문에 좋은 사례가 된다. 이 책들이 지금까지 읽히는 이유는 사실적이고 생생한 이야기가 하나로 연결되어 있기 때문이다.

먼저 《우리 시대에》를 살펴보자. 그 책에는 길이가 한 문단

정도 되는 짧은 이야기들이 있고 그 이야기들 중간에 조금 긴 이야기들이 있다. 그 이야기에는 닉 애덤스라는 인물이 등장한다. 그는 캠핑 여행을 하기도 하고, 참호에 있거나, 스페인의 투우장에 있기도 한다. 이 한 명의 인물이 이야기에 확고히 머무르고 있다.

이야기가 펼쳐지는 장소는 대부분 외딴 시골, 숲속 기찻길, 미시간주의 시골 지역에 있는 오두막, 오래된 벌목촌이다. 그곳에서 술에 취한 모습, 싸움, 사냥, 낚시 등을 하는 모습을 보여 준다. 그 이야기들 중간에 이탤릭체로 짧은 이야기 몇 개가 있다. 그중 하나를 살펴보자.

> 모두 취했다. 포대 전체가 술에 취해 어둠 속에서 걷고 있었다. 우리는 샹파뉴로 가고 있었다. 중위가 말을 타고 들판으로 나가 말에게 말했다.
>
> "이봐, 난 취했어. 완전히 취했단 말이야."
>
> 우리는 캄캄한 길을 밤새 걸었고 부관은 말을 타고 와 내게 말했다.
>
> "얼른 불 꺼. 위험하니까. 적에게 들킬 수 있다."
>
> 우리는 전선에서 50킬로미터나 떨어져 있었지만 부관은 취

사 트럭의 불을 염려했다. 도로를 따라 행군하는 것은 재미있었다. 이는 내가 하사로 취사 담당이었을 때의 일이었다.

이 사람을 닉 애덤스라고 보느냐는 독자에게 달렸다. 이런 짧은 이야기들은 딱딱하고 날카롭고 폭력적이다. 그 이야기들이 더 긴 이야기의 암묵적인 폭력을 노골적으로 드러낸다.

이탤릭체로 짧게 쓰인 다른 이야기가 "닉은 교회 벽에 기대앉았다."라는 말로 시작하기 전까지 독자는 이 사람이 닉이라는 것을 알지 못한다. 하지만 그때까지 독자는 상황을 종합해 추론하고 있었다.

헤밍웨이가 기대한 게 그거다. 그리고 당신도 그렇게 할 수 있다. 일련의 이야기들은 암묵적인 경계를 만들며 서로 얽히고설킨다. 닉은 제1차 세계 대전에 참전했다. 그때 참호에서 본 것은 그에게 각인처럼 새겨졌다.

경험은 닉이 그것을 이해하는 속도보다 더 빠르게 그를 덮친다. 날카로운 짧은 이야기가 반복되면서 닉이 성장한 세계와는 다른 진짜 세계에 빠져 있는 그의 모습을 보여 준다. 이렇듯 자기소개서 역시 글쓴이가 세상으로 나가는 모습을 보여 주어야 한다.

닉의 경험처럼 이러한 스토리는 짧지만 생생하다. 그리고 종종 해결되지 않은 상태로 남아 있다. 이는 작가가 독자에게 이야기의 구성을 도와 달라고 요청하는 것이다. 독자에게 이러한 요청을 하는 것이 작가로서는 지나친 믿음을 보이는 것으로 보일지 모르지만 독자는 해결되지 않은 이야기를 좋아하는 경우가 있다. 자기소개서를 짧은 이야기들로 구성하는 것은 입학사정관이나 인사 담당자에게 당신의 이야기의 결론을 만들어 달라고 설득하는 것이나 마찬가지다.

광산을 소재로 쓴 에세이에서도 헤밍웨이의 방식을 참고해 광부를 예리하게 관찰해서 보여 줄 수 있다.

광부는 먼지를 뒤집어쓰지 않았다. 내가 예상한 장면은 아니었다. 검댕이 묻어 얼굴이 까맣게 된 광부가 석탄 가루가 들어간 눈을 깜박거리며 나를 쳐다보는 걸 예상했기 때문이다. 하지만 그는 말끔한 청바지와 샴브레이로 된 새 작업 셔츠를 입고 있었다. 손에 반짝거리는 도시락 통을 들고 별채 옆의 깔끔한 길을 걸어갔다. 그를 유심히 보는 내게 광산 대표자가 다가와 이야기를 꺼냈다.

"이곳에는 라커룸이 있습니다. 수도 시설도 갖추고 있어 광부들은 씻을 수 있지요. 저기 보이죠? 이 광산은 현대적이에요. 규정상 안을 보여 줄 수는 없지만 청결하고 불빛이 밝습니다. 사진 찍어 놓은 게 있을 텐데 몇 장 찾아봐야겠군요."

헤밍웨이는 절제의 대가다. 그는 독자가 의미를 추론하도록 한다. 실제로 추론을 하게 되면 자기소개서에 강력한 힘을 준다. 광산 대표가 무언가를 숨길 수도 있고 그렇지 않을 수도 있다. 하지만 글쓴이는 자신이 광산에 있다는 사실과 광산에 먼지가 많다는 사실을 알고 있다. 따라서 무언가 잘못되었음이 분명하다. 자기소개서에서 글쓴이는 추론할 방향을 잡아 나가기 위해 몇 문장을 추가했다.

모두 사실일까? 사실이 아니라면 어떻게 알 수 있을까? 그는 광산 안을 보여 주지 않았다. 나는 저널리스트의 입장에 있는 내 모습을 보았다. 진실하고 중요한 것을 관찰해야 한다. 무엇이 진실인지 아직 모르지만 밝혀내야만 한다고 생각했다.

다음으로 장소가 여러 이야기를 하나로 묶어 주는 시스네로스의 《망고 스트리트에 있는 집》을 살펴보자. 대부분의 이야기가 시카고의 가난한 동네에서 성장한 에스페란자 코데로의 경험이다. 가난한 동네를 벗어나려고 노력하는 인물들을 중심으로 많은 이야기가 펼쳐진다. 그들의 역경에 대한 관찰과 느낌이 '리놀륨 장미'에서 멋지게 그려진다.

 샐리는 우리 예상대로 결혼했다. 어리고 아직 준비가 안 되었지만 말이다. 그녀는 학교 바자회에서 마시멜로 판매원을 만났다. 그리고 8학년이 되기 전이라도 결혼할 수 있는 주로 가서 그와 결혼했다. 그녀에게는 이제 남편과 집이 있다. 자기 베갯잇도 있고 자기 접시도 있다. 샐리는 사랑에 빠졌다고 말하지만 내 생각에 그녀는 도피처로 결혼을 택한 것 같다.
 샐리는 결혼 생활에 만족한다고 말한다. 남편이 돈을 벌어다 주면 자신의 물건을 살 수 있기 때문이다. 그녀는 행복하다. 가끔 남편이 화를 내고 발이 문에 걸려 문을 부숴 버릴 때만 빼면 말이다. 하지만 대체로 남편의 기분은 양호하다. 남편은 전화를 하지 못하게 하고 창밖을 내다보지 못하게 한다. 그녀의 친구들을 좋아하지 않아서 친구들은 남편이 일할 때만 그녀를 방문할 수 있다. 이런 몇몇의 문제를 제외하면 그녀는 행복하다.

샐리는 집에 앉아 있다. 남편의 허락을 받지 않고 외출하기를 두려워하기 때문이다. 그녀는 앉아서 자신과 남편이 가진 물건들, 수건, 토스터, 알람 시계, 커튼을 바라본다. 샐리는 벽과 깔끔하게 만나는 모서리, 바닥에 있는 리놀륨 장미, 결혼 케이크처럼 부드러운 천장을 보는 것을 좋아한다.

이 이야기 뒤에 숨겨졌던 생각이 조금 뒤에 '나의 집'이라는 이야기에서 드러난다.

빌라도 아니고 뒤쪽에 있는 아파트도 아니다. 한 남자의 집도 아니며 아빠의 집도 아니다. 나의 집이다. 나의 현관이고 나의 베개다. 자줏빛 피튜니아도, 책들도, 일기도 다 내 것이다. 침대 옆에는 내 구두가 놓여 있다.
그것을 눈여겨보는 사람은 아무도 없다.
치워야 하는 다른 이의 쓰레기통도 없다.
집은 순백의 눈처럼 평온하고 나 혼자 머무르는 공간이며 시가 쓰이기 전의 종이처럼 깨끗하다.

시스네로스의 책에서는 집이라는 '장소'를 관찰하고 느끼고 생각한 것이 여러 개의 짧은 이야기로 구성되어 있다. 각 이야기의 제목에는 자세히 관찰한 것(집, 머리카락, 빨간 광대, 리놀륨 장미, 작은 발 가족)과 생생하게 느낀 것(웃음, 엉덩이, 타고난 악, 아름다움과 잔혹함), 근원적인 생각을 끌어내는 것(나의 집, 망고는 가끔 작별 인사를 한다)이 포함된다.

시스네로스는 관찰과 느낌, 생각을 통합하기 위해 모든 각도에서 접근한다. 첫 번째 이야기 '망고 스트리트에 있는 집'은 하나의 스토리텔링이다. 이 이야기는 에스페란자의 집과 거리에 대한 그녀의 느낌을 말하고 그녀의 계획으로 끝을 맺는다.

"나는 집을 가져야 한다고 생각했다. 진짜 집. 누군가에게 보여 줄 수 있는 집 말이다. 이 집은 그런 집이 아니다."

《망고 스트리트에 있는 집》은 장소가 강렬함을 준다. 이 강렬함은 세세하게 관찰한 요소들이 느낌과 결합되면서 전달된다. 시스네로스의 글은 관찰을 구체적으로 하지만 분석하지는 않는다. 하지만 관찰에는 언제나 느낌이 가득 담겨 있다.

망고 스트리트에 있는 집은 부모님이 말한 그런 집이 전혀 아니었다. 앞에 좁은 계단이 있는 작고 빨간 집이었다. 창문은 너무 좁아 마치 숨을 참고 있는 듯 답답해 보였다. 곳곳에 벽돌이 허물어져 있고 나무로 된 현관문은 심하게 불어 있어 들어가려면 힘껏 밀어야 했다. 앞마당도 없다. 시에서 길가에 심어 놓은 작은 느릅나무 네 그루만 있다. 뒤로 나가면 작은 차 한 대가 겨우 들어갈 만한 좁은 차고가 하나 있다. 그렇지만 우리에게는 아직 차가 없다. 작은 뜰이 있긴 한데 건물 두 채 사이에 있는 작은 공간보다 더 작아 보인다. 집 안에 계단이 있지만 평범한 통로이며 화장실은 단 한 개뿐이다.

다른 작가들처럼 시스네로스도 상황을 바로잡고 싶다는 마음을 분명히 밝히며 시작한다. 사람들은 이미 그 집이 허름하다는 걸 안다. 그녀는 다른 사람들이 관찰하지 않고 여러 번 봤어도 그냥 지나친 것을 '다시 보고 있다'.

그녀가 하는 모든 관찰이 느낌과 결합되고 있다는 점에 주목해 보자. 이런 현상은 거의 모든 문장에서 나타난다.

'집이 작고 빨갛다.'

'숨을 참고 있는 듯 답답해 보였다.'

'벽돌이 허물어져 있다.'

'현관문이 심하게 불어 있다.'

'뒤로 나가면 좁은 차고가 있다.'

'우리에게는 아직 차가 없다.'

각 문장에서 시스네로스는 본 것에 느낌을 담는다. 그 작은 집은 완벽한 집이 아니다. 공기가 제대로 순환되지 않고 나무 문은 불어 있다. 그리고 집에 있는 물건은 그녀만의 것도 아니다. 여기서 집은 풍경 속에 있는 물체가 아니라 그녀가 인간의 속성을 담으려고 주의를 기울이는 매우 인간적인 묘사를 하는 장소다. 느낌이 질서 있게 서술되어 관찰의 깊이가 더해진다. 여기서는 집을 조심스럽게 둘러보고 앞을 관찰하고 뒤로 돌아가 차고를 보고 그다음 집 안으로 들어간다.

단어 자체에 느낌을 담는 것은 쉽지 않다. 하지만 시스네로스가 한 것처럼 느낌을 토대로 서술하면 특정한 장소에 느낌이 머무르게 되고 자신의 느낌을 더 수월하게 전달할 수 있다. 또한 장면에 따뜻한 인상을 심어 준다. 느낌은 서술하는 대상에 생명력을 부여하여 묘사의 밀도도 높인다.

헤밍웨이의 이야기는 등장인물 한 명이 장소들을 옮겨 가며 겪은 경험을 엮었다. 시스네로스의 글은 다양한 인물을 다루며 그들이 '그 장소'에서 한 경험을 통합한다. 두 글에서 모두 등장인물의 행위는 직접 경험한 것이 묘사된다. 둘 다 설명해 주기보다는 눈앞에서 펼쳐지는 장면을 보여 주는 것이다.

각각의 이야기는 경험에 새로운 경험을 더하는 역할을 하여 어떤 것에 대해 고정된 생각을 가지지 못하게 한다. 독자가 수많은 새로운 경험을 연속해서 마주하기 때문이다. 때때로 다소 혼란스러울 수 있지만 그런 경험들은 매우 사실적으로 다가온다. 그렇기에 새로운 경험이 위협적으로 느껴질 가능성도 있다. 닉과 에스페란자가 직면한 것은 역경이었다. 그 둘은 모두 자신이 사는 세상에 역경이 가득하다는 것을 알았다. 그리고 이를 헤쳐 나가야 한다는 것도 잘 알았다. 하지만 생생한 경험을 점점 쌓아 나가기 때문에 그들은 공포를 느끼지 않고 세상을 헤쳐 나가는 듯 보인다.

이렇게 경험이 쌓여 엮이는 것이 하나의 스토리텔링이 추구하는 목표라고도 할 수 있다. 그러면 하나의 스토리텔링을 담은 자기소개서를 좀 더 쉽게 쓰려면 어떻게 해야 할까? 이때 원칙은 간단하다. 중심 주제에서 크게 벗어나지 않고 변화를 주면 된다. 당신은 입학사정관이나 인사 담당자가 당신의 이야기에서 연결성을 찾아내려고 혹사당하기를 원하지 않을 것이다. 광산을 소재로 자기소개서를 쓰기로 했다면 갑자기 석유 채굴에 대한 이야기를 해서는 안 된다. 지질학 관련된 이야기를 하는 자기소개서를 쓰려고 했다면 지질학 이야기를 계속해야 한다.

《우리 시대에》와 《망고 스트리트에 있는 집》은 자기소개서를 작성하는 데 좋은 참고 자료가 된다. 둘 다 작은 세상을 떠나 더 큰 세상으로 들어가고자 하는 인물들을 다루고 있기 때문이다. 인물이 처한 상황이 대학에 진학하려고 하거나 회사에 입사하려는 지원자와 매우 유사하지 않은가.

◆ ◆ ◆

이야기가 너무 쉽게 교훈에 도달하면 그것은 위인전이지 에세이나 자기소개서가 아니다. 헤밍웨이는 작품의 메시지가 무엇이냐는 질문을 받고 "메시지를 원한다면 웨스턴 유니온에나 가 보라."라고 대답했다. 이 말은 메시지를 쉽게 찾을 수 있는 에세이와 관련해서도 생각해 볼 수 있다.

많은 자기소개서가 빈칸 채우기와 비슷하다. Y를 하기 위해 X를 극복함, Y를 하는 최초의 X, Y를 하는 최연소 X라는 식으로 전개된다. 이러한 문구는 자신만의 독특한 무언가를 말할 수 있을 때만 유용하다.

 내가 말하는 하나의 스토리텔링은 엄격하게 구분된 서론, 본론, 결론에 경험을 강제로 집어넣는 기계적인 체계가 아니다. 새로운 깨달음을 얻을 때마다 기존의 생각을 변화시켜 통찰을 얻는 모습을 보여 주는 이야기, 그러한 변화와 관련된 모든 요소들을 훌륭하게 엮어 내는 이야기가 내가 말하는 하나의 스토리텔링이다.

 이야기를 서술하는 데 기본적인 신뢰를 쌓으려면 시간이 걸린다. 하지만 이 하나의 스토리텔링을 통해 당신은 세상에서 겪은 깨달음, 통찰을 드러낼 수 있고 당신의 진짜 모습을 보여 줄 수 있다.

= *personal storytelling* =

7장

실제 사례를 통한
자기소개서 쓰기

⋮

타인의 삶은
내 글에도 영향을 미친다

TIP

1. 자신의 통찰을 바탕으로 글을 전개하기
2. 자신이 쓰는 글에 몰입해서 살기
3. 경험을 주제에 끼워 맞추려고 하지 않기
4. 계획이 아니라 자신이 누구인지를 적기
5. 성급하게 글을 진행하지 않기

지금까지 나에게 가르침을 받아 점점 좋아지는 글을 보여주었다. 이제 실제로 나에게 글쓰기를 배웠던 사람들의 글을 소개하려 한다. 사진사가 되고 싶은 사람, 피겨 스케이팅 선수였던 사람, 해양 생물학자가 되고 싶은 사람의 사례를 같이 살펴보자.

각 사례에는 관찰과 느낌, 생각이 들어 있다. 이 세 가지 요소가 각각의 에세이에 존재하지만 사람마다 강조하는 요소는 다르다. 에세이의 핵심 동력이 다 다르다는 말이다.

사진사가 되고 싶은 사람의 글은 관찰한 것을 중심으로 전개된다. 물론 느낌과 생각이 그 뒤를 따른다. 피겨 스케이팅 선수였던 사람이 쓴 글은 자신에게 커다란 영향을 미쳤던 느낌에 중점을 둔다. 느낌은 훌륭한 관찰의 결과이며 느낌 뒤에는 명확한 생각이 나타나지만 피겨 스케이팅 선수였던 사람이 쓴 글에서 드러나는 느낌은 관찰에 색조를 더하고 생각을 조절하며 관찰과 생각이라는 양방향에 영향을 준다.

해양 생물학자가 되고 싶은 사람은 생각을 기반으로 글을 작성한다. 이 경우 과학적 문제에 관해 생각을 한다. 관찰과 느낌이 글에 존재하지만 그것은 주로 생각을 입증하는 역할을 한다. 새롭게 발견된 것은 다시 검토해야 하고 강조할 점은 강조해야 하기 때문이다. 관찰과 느낌이 다른 사람에게 자연스러운 것처럼 이 글쓴이에게 생각은 때로는 다소 추상적이더라도 자연스러운 것이다.

나는 한 명씩 지도했다. 지도 방법은 세 단계로 나눌 수 있다. 첫 번째는 사람들에게 좋은 문장을 보여 주는 것이다. 먼저 나는 사람들에게 몇 년 전부터 썼던 글을 제출하라고 한다. 그다음 제출한 글에서 그 사람의 대표적인 스타일로 보이는 글을 고른다. 자기소개서를 작성해 놓은 게 있으면 그 원고를 사용한다. 그리고 글을 검토하면서 단어의 의미와 문장의 문법 및 문체, 문단의 구조와 구성을 모두 살핀다.

  보통은 아주 상세하게 글을 첨삭한다. 다시 쓰라고 하기도 한다. 하지만 그 시점에서 전체를 새로 쓰게 하지는 않는다. 고심하는 부분이 보이면 때때로 나는 글에 어울릴 만한 좋은 문장들을 보여 준다. 글쓰기를 계속 진행할 수 있도록 네 개나 다섯 개의 참고할 만한 글을 주는 것이다.

  좋은 문장은 각자를 다른 방향으로 이끌기 때문에 아주 다양한 에세이가 나온다. 나는 단지 방향을 제시하기 위해 그런 문장을 보여 주는 것이다. 내가 예시로 보여 준 문장을 자기 문장처럼 바꿔서 사용하는 사람은 전혀 없었다.

  두 번째는 다른 가능성도 보여 주는 것이다. 이 가능성은 상당히 변화무쌍하다. 나는 책의 일부나 완성된 에세이, 심지어 어떤 에세이의 일부를 보여 준다. 내가 이 책에서 인용한 글을 보면 알 수 있을 것이다. 《위건 부두로 가는 길》의 한 챕터, 가이 데이븐포트와 엘리자베스 비숍의 글 같은 에세이, 다양한 작가의 글에서 발췌한 것들을 보여 주었다. 간혹 나는 수업 중에 시간적으로 여유가 있으면 책 전체를 읽어 보라고 한다. 보편적으로 큰 영향력을 미친 책들은 분명 도움이 될 것이기 때문이다.

이 단계에서 나는 명확하게 인식해야 글쓰기를 잘할 수 있다고 설명한다. 그리고 그 명확한 인식은 자세한 관찰과 자세하게 관찰한 것에서 느낀 느낌, 잠정적이지만 실재하는 생각에서 비롯된다는 사실을 알려 준다. 앞서 살펴본 작가들의 사례를 통해 그 점을 분명히 확인할 수 있다.

세 번째는 문체 파괴다. 글 쓰는 방식이 달라지는 것이다. 이러한 변화는 매우 다양하게 나타나서 어떤 간단한 형식으로 특징짓기는 힘들다. 어떤 사람은 글을 다 쓰기 전에도 문체가 달라질 수 있다. 자기소개서를 제출하기 전에 문체가 달라지는 사람이 있는가 하면 그렇지 않은 사람도 있다. 언어에 대해 음악적인 귀를 가진 사람은 보통 더 빨리 변하는 것 같다. 하지만 명확하고 솔직한 목소리로 표현한다는 목표는 누구나 대부분 달성할 수 있다.

이 세 가지는 글을 쓰는 보편적인 전략이다. 누군가가 내게 제출한 글을 수업 시간에 함께 다루다 보면 그 글에 흥미가 생긴다. 글쓰기 실력은 글을 쓰면서, 또는 글과 관련된 경험을 하면서 향상된다. 나는 글을 결코 그대로 두지 않고 모든 문장을 분석해 준다. 이는 주의를 기울이지 않고 쓴 글에 주의를 기울이는 독자가 기본적으로 있어야 가능하다.

글을 검토하다 보면 '내 생각은 ~이다.'라는 표현을 종종 본다. 그러면 나는 그 글에서 생각이 실제로 어떻게 전개되었는지 말해 준다. 사람들은 글로 자신의 생각을 표현하려고 하지만 제대로 표현하는 게 좀처럼 쉽지 않다. 글을 쓸 때는 입장을 바꿔서 자신의 글을 독자가 어떻게 이해할지 잘 생각해 보는 과정도 필요하다.

실제로 어떤 사람은 자신이 한 말이 사실상 무엇인지 자신이 직접 적은 단어들을 분석해 독자에게 알려 줄 필요가 있는 글을 쓴다. 내 수업은 보통 피드백을 주는 것을 바탕으로 이루어지는데, 이렇게 분석해서 피드백을 준다. 내가 그들의 부정확한 글을 붙들고 씨름하면서 글을 해석해 보려고 노력하는 모습을 보여 주는 것 자체도 교육이다.

지금 보여 줄 사례는 지금까지 살펴본 두 개의 에세이, 광산을 소재로 한 에세이와 오렌지를 소재로 한 에세이와는 몇 가지 면에서 다르다. 두 편의 에세이는 대표적인 합성물이다. 좋은 에세이와 나쁜 에세이의 특징을 모두 골라 두 가지의 명확한 사례로 만든 것이다. 더 정확하게 '모범'으로 삼기 위한 합성물이다.

나는 수업을 비공개로 진행한다. 수업 내용을 다른 사람에게 알리거나 추천을 부탁하지 않는다. 이와 마찬가지로 나는 사례에서 글쓴이를 특정할 만한 정보들을 모두 바꾸었다. 사람, 장소, 시간, 상황이 모두 달라졌다.

글을 쓴 사람이 '누구'인지는 장막 뒤에 가려져 있다. 하지만 그들이 어떻게, 왜 발전하는지는 끊임없이 관찰된다. 이런 식으로 나는 이 책이 더욱 실용적인 책이 되기를 바란다.

이러한 사례 연구는 글쓰기 교사에게 유용할 것이다. 또한 자신의 글을 훌륭하게 편집하고자 하는 편집자가 되기 위한 과정을 내면화해야 하는 사람에게도 똑같이 유용하다.

◆ ◆ ◆

첫 번째로 사진사가 되고 싶은 사람의 사례를 소개하려 한다. 그는 대학을 진학하길 원했다. 그게 다였다. 학교에서 시키는 대로 했고 어느 정도 좋은 성적을 얻었다. 하지만 학교 활동에는 뚜렷한 색깔이 없었다. 동아리는 친구를 따라서 가입한 거라고 말했다.

그의 아버지는 금융업에 종사했다. 그는 어린 시절 자주 이사를 다녔으며 중학생이 되어서도 가끔 이사를 했다. 그는 수업 시간에 종종 지루함을 느꼈으며 딴생각을 많이 했다고 말했다.

학교생활에 대한 질문을 많이 하지는 않았다. 그는 활동을 많이 했지만 중요한 것은 거의 없었다. 공부에 대한 관심도 매우 적었다. 하지만 자신이 무언가를 생각하며 방황했던 일을 반복적으로 이야기했다.

"어떤 것들을 생각했지?"

"음, 이미지요."

"어떤 이미지?"

"모르겠어요. 그냥 제가 사진 찍는 걸 좋아해서요."

그는 부끄러워하며 아이폰을 꺼냈다. 그는 여러 도시로 이사를 다니면서 사진을 찍었다. 필라델피아로 오기 전에는 브뤼셀과 홍콩, 런던 등 다양한 도시에서 살았다고 했다. 암스테르담의 증권거래소, 홍콩의 HSBC은행, 런던의 영국 국회의사당, 미국 독립기념관, 필라델피아의 자유의 종을 찍은 사진을 보여 주었다. 그 사진들은 대부분 건물을 중간 거리에서 찍어 그림엽서처럼 보였다.

그는 속마음을 털어놓았다.

"하지만 제가 좋아하는 건 이런 사진이 아니에요. 음, 저는 자연 사진을 찍는 걸 좋아하는 편이에요."

지난여름 그는 글레이셔 국립공원에 다녀왔다며 또 거기서 찍은 사진을 내게 보여 주었다. 보자마자 나는 차이를 바로 느꼈다. 사진이 매우 평온해 보였다. 하나는 몬태나주 플랫헤드 밸리에서 찍은 사진인데 목초지가 보이고 한쪽에 작은 오두막이 있었다. 그리고 위에는 구름이 다양한 형태를 이루고 있었다.

또 하나는 커스터 주립공원 근처에 있는 리틀빅혼강에서 찍은 망상 하천이었다. 나머지 하나는 정장을 갖춰 입은 남성이 바위 위에서 글레이셔 국립공원 서쪽에 있는 맥도널드 호수에 내려앉은 안개를 보는 사진이었다.

이 사진들을 보고 나는 재빨리 컴퓨터에서 존 컨스터블의 '건초 마차'와 토머스 콜의 '옥스보우 정경', 카스파르 다비트 프리드리히의 '안개 바다 위의 방랑자'의 이미지를 찾아 모니터에 띄웠다. 이 그림 세 점은 19세기 초 낭만주의 화가의 대표적인 자연 그림이다.

"이 그림을 보고 비슷하게 찍은 거니?"

그는 "처음 보는 그림인데요." 하고 딱 잘라 말했다.

"정말?"

"네, 정말이에요."

"그러면 이 그림들 출처가 어디라고 생각하니?"

그는 고개를 가로저었다. 정말로 모르고 있었다.

그래서 나는 내가 글쓰기를 시작했을 때의 이야기를 해 주었다. 그때 나는 안개를 묘사하는 글을 썼다. 11월 말 미니애폴리스 시내에 내려앉은 안개, 헤너핀 애비뉴 북쪽의 창고와 대형 곡물 창고, 화물 조차장에 서서히 스며드는 안개 등 어디에든 안개가 보이면 그것을 묘사하며 글을 썼다. 몇 년이 지나서야 나는 내가 쓴 글이 찰스 디킨스의 《황폐한 집 *Bleak House*》의 유명한 시작 문단과 비슷하다는 것을 알게 됐다고 그에게 말했다.

사방에 안개가 깔려 있다. 안개는 강 상류에서 흘러 중간 중간에 있는 푸른 섬들을 덮치고 목초지까지 퍼져 나간다. 강 하류에도 안개가 자욱하다. 정박한 배 사이를 침범하고 거대하고 지저분한 도시의 오염된 강기슭도 지나간다. 에식스의 습지에도, 켄트의 고지대에도 안개다. 안개는 범선 승무원실에도 스며들고 돛대에도 내려앉는다. 거대한 배의 로프와 쇠사슬 사이에도 안개가 맴돈다. 바지선과 작은 배의 뱃전에도 안개가 깔려 있다.

"어떻게 그랬을까?"

내가 그에게 물었다.

"어디선가 그 글을 보셨겠죠."

"아니, 스탠퍼드 대학교에 가기 전까지는 본 적 없어."

그 순간 나는 처음으로 그가 어떤 것에 흥미를 느끼는 모습을 보았다.

그는 다리를 꼬며 말했다.

"그래서 무언가를 읽으려고 찾을 필요가 없다고 말하는 거예요?"

"저절로 읽게 되는 거지."

"제가 보지 않았어도요?"

"어떤 면에서는 그런 이미지들이 너를 보고 있단다. 아니 너를 간파하고 있지. 네가 그것들을 보지 않았다면 말이야."

그렇게 말은 했지만 나는 상황이 어디로 흘러갈지 잘 몰랐다. 그는 고개를 갸우뚱하며 떠났다. 그런데 다음 수업 시간에 10여 개의 사진을 고전 작품 하나하나와 연결해 꼼꼼하게 정리해 가지고 왔다.

네덜란드에서 찍은 사진은 요하네스 얀 페르메이르의 '델프트 풍경'과 연결되어 있었다. 미드웨스트에서 찍은 사진은 렘브란트 하르먼스 판레인의 동판화 '나무 세 그루가 있는 풍경'과 연결되어 있었다. 그리고 크로우족(인디언) 보호 구역 인근 고지대의 몬태나 동남쪽에서 건조한 풀들이 무성한 언덕들을 찍은 사진이 있었다. 그는 이 사진을 보고 '모나리자'의 배경인 험준해 보이는 기묘한 풍경을 떠올렸다.

"다 인터넷에서 찾았어요. 이런 이미지는 어디서든 볼 수 있는 것 같아요."

그의 말이 맞았다. 그런 이미지는 어디서든 볼 수 있다. 그것을 보았다는 생각이 정말 안 드는데 어디선가 봤을 수 있다. 마치 주변 시야로 본 것과 비슷하다. 나는 이런 현상을 설명하는 이론가도 있다고 말해 주었다.

그중 한 명인 칼 융은 이미지에 대한 집단 무의식이 있다고 생각했다. 그 점에 관해서는 의구심이 생기지만 그런 이미지들이 인간의 문화를 자유롭게 활보한다는 점은 확실했다. 나는 많은 사람이 그런 이미지의 기원을 알아내려고 하지만 그것을 확실하게 추적하는 것이 매우 어려울 수 있다고 말했다.

그는 이미지들을 다 파일로 저장했다. 그가 그 이미지들이 모두 어디서 유래됐는지 호기심을 갖자 나는 읽을 책 몇 권을 추천해 주었다. 롤랑 바르트의 《신화론》과 곰브리치의 《서양미술사》, 루돌프 아른하임의 《예술과 시각적 인식 Art and Visual Perception》이었다. 이 책들은 얼핏 보면 너무 어려워 보이지만 그가 마주한 문제 자체가 수준이 높기 때문에 읽을 만하겠다고 생각했다.

나는 사람들에게 책을 소개할 때 어떤 책을 골라 주어야 할지 확신이 잘 서지 않는다. 그래서 한 번에 최소한 세 권의 책을 주며 조금이라도 읽어 보라고 권한다. 그때도 그랬다. 그는 각각의 책에서 무언가를 끄집어냈다.

바르트의 책을 통해서는 이미지가 사상사의 일부를 형성할 수 있다는 점을 이해했다. 곰브리치의 책에서는 어떤 이미지에 구조적으로 내포된 역사적 의미를 발견했다. 아른하임의 책을 읽고 나서는 생명력을 유지하는 특정 이미지가 우리의 시각적 인식에 영향을 미친다는 사실을 알게 됐다. 이제 그는 글을 쓸 준비가 되었다. 봇물 터지듯 그에게서 글이 쏟아져 나왔다.

이미지는 어디에선가 시작된다. 그러한 이미지는 도처에

있지만 우리는 그것을 보지 못하는 경우가 많다. 우리가 타고 있는 차는 고속도로에서 줄지어 이동하는 차들을 지나친다. 텔레비전에서 본 이미지는 너무 순식간에 지나가 거의 흐릿한 형체로만 보인다.

이 글을 읽고 나서 나는 그에게 문제를 추상적이고 단정적으로 작성하지 말고 자신이 생각한 문제가 진짜 문제였다는 점을 어떻게 깨달았는지 적어 보라고 조언해 주었다. 그리고 '우리'보다는 '나'를 사용해 자신의 목소리를 더 뚜렷하게 내라고 했다. 이 시점에서 나는 좋은 글이 관찰과 느낌, 생각의 혼합이라는 점을 설명했다. 다음은 그가 쓴 글이다.

그 사진은 여러 사진 가운데 하나였다. 그것을 찍으면서 어떤 생각을 했는지 기억이 안 난다. 그저 그 장면이 그림 같다는 생각이 스쳤다. 나는 멈춰서 그게 왜 그림처럼 보이는지 궁금하게 여기지 않았다. 그저 내 눈앞에 펼쳐진 장면이 순식간에 지나가고 잊힐 거라고 생각하며 재빨리 사진을 찍었던 기억이 난다.

나는 몬태나의 산악 지대에 갔다. 글레이셔 국립공원에 갔던 7월이었다. 풍경을 제대로 보기 위해 나는 열심히 높은 곳으로 올라갔다. 시예산 정상에 도착했을 때 이미 누군가 그곳에 있었다. 그는 등산복을 입고 있지 않았다. 젊은 교수처럼 보이는 그는 긴 코트를 입고 있었다. 초봄 뉴욕의 그리니치빌리지에서 볼 법한 사람이었다.

그는 신식 알루미늄 스틱 대신 우툴두툴한 나무 스틱을 지팡이처럼 짚고 있었다. 재빨리 달려가 카메라를 꺼냈던 기억이 난다. 그 광경은 완벽해 보이는 찰나의 순간이었다. 생각에 잠긴 그 남자는 바위에 한쪽 발을 딛고 안개로 뒤덮인 계곡을 내려다보고 있었다. 군데군데 잿빛 장막을 뚫고 올라온 뭉툭한 작은 바위들이 보였다. 멀리 산들이 있었는데 어떤 산은 높으면서 완만했고 어떤 산은 뾰족뾰족하게 수직으로 뻗어 있었다.

실제로 그 광경의 구성은 완벽했다. 하지만 그 이유에 대해서는 내가 제일 늦게 알게 된 것 같다. 여행을 마치고 필라델피아로 돌아왔을 때 친구가 말했다.

"와, 이건 카스파르 프리드리히의 '안개 바다 위의 방랑자'잖아. 그 그림 알아? 코트를 입은 귀족 같은 사람이 산에서 아래를 내려다보는 그림이야. 지팡이까지 똑같네!"

> 그 그림은 너무 유명해서 내가 모를 리 없었다. 내가 그 그림을 보고도 새까맣게 잊었거나, 진짜 본 적이 없다 해도 그 그림은 어떤 식으로든 나의 일부가 되었을 것이다.

그의 이야기는 솔직하고 명료하다. 이러한 솔직함과 명료함은 관찰과 느낌, 생각이 들어간 간단한 구조에서 생긴다. 그는 광경을 본다. 그리고 그것을 보면서 느낀 것을 설명한다. 또한 그 광경이 어떤 그림과 흡사하다는 말을 듣고 느끼는 놀라움을 묘사한다. 이제 그는 그와 관련된 생각을 펼치기 시작했다. 이것이 그가 작성한 자기소개서의 도입부가 되었다.

나는 몇 가지 책을 더 추천해 주어 그가 생각을 확장하도록 도왔다. 내가 골라 준 책은 창조성을 다룬 지크문트 프로이트의 1911년 에세이와 집단 무의식의 이미지에 대한 칼 융의 초기 작품, 존 버거의 《다른 방식으로 보기 Ways of Seeing》였다. 우리는 거의 6개월 동안 이 책을 읽었다. 그다음부터 그는 자신의 느낌을 스스로 인식하며 그것을 기초로 훌륭한 관찰을 할 수 있었다. 나아가 명확하고 근거 있는 생각을 하기 시작했다.

프로이트의 에세이를 읽은 후 나는 예술적 무의식의 존재를 생각하기 시작했다. 그것이 칼 융이 말한 대로 집단적인 무의식인지는 모르겠다. 그런 무의식은 개인적으로 생겨야 하는 게 아닐까? 예술적 무의식의 기원 또한 잘 모르겠다. 하지만 내 경험을 돌아보면 거의 자각하지는 못하지만 어떤 이미지를 보관하는 장소가 내 안에 있는 것 같다. 나는 이미지 전달자다. 이미지들 속에는 일종의 내부 질서가 있는 것 같다. 나는 그것이 무엇인지 알아내려고 노력하고 있다. 내게 매우 큰 영향을 주었던 책은 루돌프 아른하임의 《예술과 시각적 인식》이다. 아른하임은 이렇게 말한다.

"시선이 구체적인 사물에 먼저 가 닿고 그다음에 전체적인 풍경으로 옮겨 간다는 생각은 이제 통하지 않는다. 그와 반대로 전체적인 풍경과 구조가 인식을 형성하는 주요 정보라는 게 분명해졌다."

아무리 봐도 추상적인 말이다. 하지만 나는 그가 한 말을 느끼게 됐다. 글레이셔 국립공원에서 찍은 사진을 통해 아른하임의 말을 깨달은 것이다. 내가 그 사진을 어떻게 찍었는지, 또 왜 찍었는지 이해하고 나니 내 삶에서 최초로 영감이 떠오르며 특정한 생각을 하게 됐다. 이미지가 어떻게 구성되며, 어떻게 하나로 통합되는지, 이미지가 내 정신에서 어떻게 작용하는지 차례대로 생각하게 되었고 그런 생각을 하다 보니 대학을 진학해서 더 깊이 알고 싶은 마음이 들었다. 아니, 무조건 대학에 가야겠다는 생각이 들었다.

　나는 아른하임의 책을 그처럼 유용한 책으로 만든 모든 영역을 전문적으로 공부해야겠다는 생각을 했다. 심리학, 인지과학, 철학, 예술사, 문학이 모두 내가 탐구해야 할 영역이다. 이 영역들을 공부하면 이 지식들이 나를 어디로 이끌지 모른다. 물론 내 안으로 더 깊숙이 들어가게 될 것이다. 그리고 그보다 인간이라는 존재가 무슨 의미인지 그 근본적인 요소들 중 하나를 더 깊이 탐구하게 될 것이다.

여기서 그가 나열한 과목들을 보면 그것을 어디까지 공부해야 하는지에 대한 질문이 생긴다. 고등학교에서 다루는 과목들은 그 범위가 매우 좁기 때문이다. 학교에서 잘 가르치지 않는 과목에 흥미를 느끼는 사람은 교사들 눈에 잘 띄지 않는다. 그래서 그러한 사람들의 흥미가 묻히기 쉽다.

　안타깝게도 고등학교에서는 그가 언급한 주요 영역들을 가르치는 곳이 거의 없다. 심리학, 인류학, 철학, 예술사, 건

축학, 사회학이 고등학교 학과목에는 없다. 또한 다양한 민족을 연구한 학문을 다루지 않으며 언어도 단 몇 개의 언어만 가르칠 뿐이다.

많은 학교가 지식에 대해 개괄적인 접근 방식을 택해 큰 지도를 낮은 해상도로 보여 주듯 가르친다. 하지만 이러한 평평한 지도에서는 흥미를 끌 만한 것이 많지 않다. 커다란 지도에 그려진 정보는 어느 정도 실체를 왜곡하기 때문이다. 그런 지도에서는 강이나 도로가 하나의 선으로 표시되고 도시가 점으로 보인다. 나는 수업을 하면서 지식에 점점 더 파고들어 작은 지점까지 들여다보라고 한다. 그렇게 작은 지점까지 접근하는 게 효과가 클 수도 있고 그렇지 않을 수도 있다. 하지만 그 과정에서 알게 되는 내용이 방대하고 깊은 지식이기에 사람들은 학술적인 과목에 흥미를 느끼게 된다.

자신이 잘 모르는 분야를 흥미롭다고 여기기는 어렵다. 하지만 자신이 가게 되는 길은 막연한 흥미에서 시작되는 경우가 많다. '좋아하는 편이다.'라는 말은 그저 잠정적인 것처럼 들릴지도 모른다. 하지만 그 말은 그 사람이 자신이 가야 할 길을 어느 정도 알고 있다는 의미가 될 수 있다. 말로는 명확하게 표현하지 못하지만 말이다. 이는 자신에 대해 알지 못했던 요소를 인지하는 순간이다.

이때 나는 그 사람이 인지했던 것의 근원이 무엇인지 더욱 정확하게 깨달을 수 있도록 돕는다. 또한 관찰이라는 행위에 존재하는 질서 정연함과 사람들의 경험에 내재된 방향을 발견하도록 돕기도 한다. 그러면서 나는 그 사람이 이제 막 설정한 방향과 일치하는 새로운 주제를 제시한다. 대학에서 가르치는 학문과 관련된 관심이 자라는 것을 찾을 수만 있어도 자기소개서를 쓰는 좋은 시작이다.

・・・

사진 찍던 사람은 예술사를 꾸준하게 공부했다. 나는 너무 깊이 개입하지 않았다. 그가 이미지의 역사와 그 구조에 관련된 생각을 하길 좋아했다는 점만 깨닫도록 도와주었다. 또한 그 생각을 끝까지 치열하게 물고 늘어지도록 격려했다. 거기서 더 넓은 방향으로 나아가지는 않았지만 그는 자기소개서에 예술, 건축, 영화, 미디어, 디자인을 공부할 수 있다고 말하며 꿈꾸는 미래에 제약을 두지 않았다.

내 수업을 통해 그는 자신에 대한 새로운 영역을 발견했다.

얼핏 관찰하면서 떠오르는 것들을 생각하고, 왜 그 생각을 하게 되었는지 묻고, 그 생각이 기존에 가지고 있던 지식이나 생각에 어떤 영향을 받아 바뀌었는지 관찰하면서 그는 자신을 한 걸음 떨어져 바라볼 수 있었다. 그는 자신을 수동적인 관찰자가 아닌 적극적인 관찰자로 바라보기 시작했다. 그로 인해 자신의 감각들이 전달하는 모든 것을 볼 수 없다는 사실을 자각하게 되었다.

글레이셔 국립공원에서 그날 그는 무엇을 보았을까? 자신의 머릿속에 있는 상에 들어맞는 풍경을 본 것이다. 그리고 그 풍경을 사진으로 담았다. 그는 자신의 인식에 있는 패턴과 근원적인 질서를 발견했다. 이제 그의 글에서 그것을 이야기 할 수 있었다.

◆ ◆ ◆

두 번째 사례는 피겨 스케이팅 선수 이야기다. 그는 피겨 스케이팅을 그만두었으니 학업에 열중하고 싶다고 했다. 그리고 자신의 관심사를 말하기 시작했다. 또 자신이 읽은 책을 여러 개 말하며 올림픽 육상 선수 제시 오언스의 자서전에 대해서도 이야기했다.

듣다 보니 그가 가진 관심이 얼마나 얕은지 보였다. 피겨 스케이팅을 그만둔 후에 그는 이런저런 책을 훑으며 이 책, 저 책 조금씩 읽다가 결국에는 흥미를 잃고 만 것이다.

우선 나는 그에게 왜 그렇게 여기저기 관심을 두는지 물었다. 모든 답변은 피겨 스케이팅을 그만둔 일로 연결되었다. 그의 인생은 피겨 스케이팅이 완전히 차지하고 있었다. 그러다가 그것을 그만두었다. 이유가 무엇일까?

나는 그에게 그 이유를 적어 보라고 했다.

내 마지막 연기의 안무는 아르헨티나 탱고였다. 춤은 1번에서 10번 스텝까지 파트너와 오픈 홀드로 시작한다. 나는 샤세와 프로그레시브로 시작해 파트너가 7번 스텝에서 과감한 LFO를 하도록 했다. 그다음 스텝에서 우리 둘 다 1비트 동안 동작을 유지하여 RFO를 했다. 템포는 1분당 96비트였으며 파트너와 나는 시퀀스 두 개를 1분 10초에 했다.

전문적으로 작성된 글이다. 하지만 전문 지식이 없는 사람에게는 글에서 묘사하는 장면이 쉽게 그려지지 않는다. 실제로 그는 텔레비전에서 해설하듯이 글을 썼다. 해설은 선수의 동작을 볼 수 있기 때문에 특별한 설명이 없어도 해설자가 잘 설명하는 것 같다. 해설할 때는 일반적으로 두 명이 짝을 지어 한다. 한쪽은 전문 용어를 위주로 쓰고 한쪽은 그렇지 않다.

나는 그에게 LFO와 RFO가 무엇인지 설명해 달라고 했다. 그러자 그는 체인지 오브 엣지 등의 또 다른 어려운 전문 용어를 쓰며 설명했다. 그의 말을 듣다가 나는 스포츠에 대한 그의 느낌이 언어로 표현되기 어렵다는 것을 알게 됐다. 그는 몸으로 스포츠를 느끼고 있었다. 그에게 빙판 위에서 했던 동작은 근육에 새겨진 기억이었던 것이다.

그가 사용한 용어들은 빙판 위에서 그가 겪은 실제 경험을 제대로 전달하기에는 부족했다. 그래서 나는 《스케이팅 매뉴얼 *The Skater's Manual*》이라는 훌륭한 책을 그에게 소개해 주었다. 이 책은 빙판 위의 동작을 명확하게 묘사한다.

더치 트래블링 롤은 네덜란드의 피겨 스케이팅 선수들이 주로 사용하는 동작이다. 처음에는 무릎을 곧게 편 상태에서 오른발을 바깥쪽으로 내디디며 활주를 시작한다. 그러면서 왼발로 원을 그리면서 오른발 뒤로 가져온다. 이 동작이 끝나면 오른발의 발끝을 세운 상태에서 같은 동작을 반복한다. 이 짧은 동작을 연속적으로 해서 아주 큰 원을 그리며 활주한다.

이 글은 시각적으로 명확한 그림을 그릴 수 있게 해 준다. 독자는 장면을 쉽게 상상하게 된다. 이 글은 구절마다 시각적 이미지로 동작을 보여 주기 때문에 성공적이다. 이 글을 읽은 뒤 그가 쓴 문장이다.

나는 상체를 앞으로 약간 기울여 여성 파트너의 허리를 감싸고 연기하는 대표적인 동작을 했다.

이 문장에는 전문적인 용어가 등장하지 않았다. 사실 이 동작을 설명하는 데 전문 용어는 필요하지 않다. 파트너의 허리를 감싸고 연기하는 이미지는 읽는 사람이 그 동작을 충분히 상상할 수 있게 해 주며 그 동작을 '대표적'이라고 묘사한 것을 보면 그것이 스케이팅 선수들은 이미 잘 알고 있는 동작임을 유추할 수 있다.

이 문장은 관찰하는 문장으로는 전혀 문제가 없다. 하지만 여전히 정서는 담겨 있지 않다. 그는 느낌을 글에 담으려고 글쓰기 연습을 열심히 했다. 이런 훈련이 그에게는 어려운 일이었다. 느낌을 담는 글에 대해 토론하는 수업을 몇 차례 하고 나서 그는 아주 작은 소리로 내게 말했다.

"제가 그날 있었던 일을 말하지 않았죠?"

"그날? 무슨 날?"

"경기장 밖에서 사건이 벌어졌던 날요. 공연을 마치고 나서요."

그는 잠시 말을 멈췄다.

"그날 이후로 스케이트를 타지 않아요."

그는 속마음을 털어놨다. 공연을 하고 출발하려고 하는데 아이스하키 팬들인 10대 소년들이 몰려와 그를 괴롭혔던 것이다. 그는 무슨 일이 있었는지 쉽게 말하지 못했다. 그래서 나는 그 사건을 글로 써 보라고 했다. 그 글은 목소리에 힘이 있고 솔직했다.

그 소년들의 외모는 형편없었다. 언젠가 그들은 뚱뚱해질 것이다. 술을 마신 것 같지는 않았는데 꼭 술에 취한 것처럼 굴려고 했다. 소리를 크게 지르며 허세를 부렸다. 그리고 비열했다. 이럴 수가, 그들은 정말 비열하게 굴었다.

"이봐, 너 여자였구나. 너도 잘 알겠네. 저건 검정색 스케이트가 아니잖아. 분홍색 장식이 있는 흰색 스케이트를 신는 건 여자밖에 없다고. 전부 다 그래, 여자들은!"

이 글은 아직 다듬어지지 않아 자기소개서로 쓰기에는 부족한 점이 있다. 어쨌든 이런 이유 때문에 그는 아르헨티나 탱고를 춘 무대를 마지막으로 스케이팅을 그만둔 것이다. 그날 이후로 그는 단 한 번도 스케이트를 신지 않았다.

그에게 탱고를 묘사해 보라고 했을 때 처음에 그는 자신의 안무만 적었다. 하지만 그의 머릿속에는 그 안무와 자신의 경험이 서로 밀접하게 연결되어 있었다. 그때 그는 자신이 오언스의 자서전을 끝까지 읽지 못한 이유를 말했다.

"너무 고통스러웠어요. 1936년 올림픽에서 나치 당원들이 그를 조롱하는 장면을 더 이상 볼 수 없었어요."

하지만 오언스는 자신에게 쏟아진 증오를 극복한 인물이었기 때문에 나는 그에게 그 책을 다시 읽어 보라고 권했다. 그리고 우리는 관찰과 느낌 이 두 가지 영역을 통해 그에게 일어났던 사건의 실체를 파헤쳐 보았다. 오언스의 자서전과

《스케이팅 매뉴얼》을 함께 읽은 후 몇 주 지나서 그는 두 개의 어조가 하나로 혼합된 이야기를 쓸 수 있었다.

그날의 안무는 탱고였다. 빙판 위에서 추는 탱고는 선수 두 명이 하기에 너무 어렵다. 그렇다고 한쪽 연기만 하는 것도 고민되는 일이었다. 처음에 나는 남녀 두 파트를 적절하게 섞어서 하려고 했다. 하지만 그렇게 하다가 실수를 해서 나가노 동계 올림픽에서 금메달을 놓친 코치가 내게 성별을 바꿔 가며 연기하는 동작을 제안했다. 처음에는 남자, 그다음에는 여자, 그리고 남자 파트로 다시 되돌아오는 식으로 연기를 하라는 거였다.

나는 2008년 미니애폴리스 전국 대회에서 그렇게 혼합된 동작을 처음으로 연기했다. 나는 남자 파트부터 시작했다. 상체를 앞으로 약간 기울여 여성 파트너의 허리를 감싸고 연기하는 대표적인 동작을 했다. 아주 정확한 자세를 유지하면서 여성의 허리가 꺾이는 모습을 보여 주어야 했다.

코치는 그 동작을 잘 해내면 관중은 내가 여성 파트너를 꼭 두각시처럼 조종하고 있다는 느낌을 받을 것이라고 말했다. 그다음 나는 여자 파트로 바꿔 오른쪽 다리를 들어 올리며 꼬

아서 마치 여성이 다리로 남성을 감싸는 듯한 장면을 연기했다. 그리고 바로 꼿꼿이 서 있는 남자의 자세로 돌아와 왼팔을 심사위원 쪽으로 뻗고 밝은 노란색 출구 쪽으로 미끄러지듯 천천히 활주했다.

나는 난간에 기대 숨을 돌리고 있었다. 소매는 흠뻑 젖었고 손바닥은 벌겋게 열이 올라 있었다. 누군가 나를 주시하고 있다는 느낌은 없었다. 그런데 위를 올려다보니 어떤 소년이 반대쪽 난간에서 나를 쳐다보고 있었다. 열두 살이나 열세 살쯤으로 보였다. 그 시선을 내가 의식했다는 것을 안 소년은 몸을 돌려 친구들에게 말했다. "애들아, 여기서 나가자. 다 여자밖에 없네."

초기 원고에서는 관찰과 느낌이 분리되어 있었지만 이 글에서는 그 둘이 통합되면서 이야기가 훌륭하게 전개됐다. 하지만 아직 확장된 생각은 결여되어 있다. 이야기를 잘 들여다보면 생각이 어느 쪽으로 흐르는지 감지된다. 이야기는 분명히 성별의 문제로 흐르고 있다. 그래서 나는 그에게 시몬 드 보부아르의 《제2의 성 The Second Sex》을 소개해 주었다. 작가는 이렇게 썼다.

남자의 입에서 암컷이라는 말이 나오면 모욕적으로 들린다. 하지만 남자는 자신의 동물적인 성향을 부끄러워하지 않는다. 오히려 누군가에게 "당신은 수컷이군!"이라는 말을 들으면 자부심을 갖는다. '암컷'이라는 용어는 그것이 여자의 동물성을 강조해서가 아니라 여자를 성 안에 가두기 때문에 모욕적인 언어다.

이 글을 검토한 그는 몇 주 지나서 다음의 글을 추가할 수 있었다.

이건 내가 오랫동안 고민한 내용이다. 최근에 읽은 책인 시몬 드 보부아르의 《제2의 성》의 구절이 머릿속을 계속 맴돌았다. 작가가 초반에 한 말은 "남자의 입에서 암컷이라는 말이 나오면 모욕적으로 들린다."이다. 그리고 나는 그러한 모욕을 정면으로 받았다. 나는 미니애폴리스 전국 대회에서 우승하기 위해 8년 동안 훈련했다. 그런데 그간 내가 한 모든 행위가 단 한 번의 욕설로 압축되었다. 우리가 하나의 성별로 태어난 게 아니라는 보부아르의 말이 그 모든 과정을 요약했다.

우리는 하나의 존재로 창조된 것이다. 그녀는 신체가 고정된 사물이 아니라 변할 수 있는 상황이라고 말한다. 내가 미니애폴리스 빙판 위에서 경험했던 상황처럼 말이다. 내가 본 것은 성별의 최종적 산물이 아니라 세 명의 소년이 상상 속 합의를 통해 만들어 가는 성별이었다.

당시에는 분명히 모욕감을 느꼈지만 지금은 그 소년들이 개인적으로 투영한 모습을 내가 목격한 것이라는 사실을 깨닫게 됐다. 그들은 자신의 성별을 상상 속에서 만들어 가고 있었고 그 과정을 내 연기에 투영했던 것이다.

거기서 내가 한 역할은 아주 작은 역할에 불과하다. 성별의 인식을 형성하는 과정은 수백 개의 다양한 방식으로 이루어질 수 있으며 여전히 정형화된 패턴이 존재한다. 거기서 나는 무력한 기폭제 역할을 했던 것이다. 이제 그 과정은 내게 일어나기 시작했다. 정형화된 패턴은 무엇일까? 그것들을 어떻게 재구성할 수 있을까?

이런 의문을 갖자 내 생각이 보부아르가 쓴 책의 경계를 넘어섰다는 것을 곧 알게 됐다. 그러다 여성주의 문제로 생각이 가 닿았다.

마침내 관찰과 느낌, 생각이 하나로 통합된다. 이 글에서 스케이팅은 관찰되는 행위이며 정서가 포함된 훈련이고 고민할 만한 사회학이 결합된 스포츠다. 그가 보부아르의 페미니즘과의 연관성을 신중하게 피하고 있다는 점에 주목하자. 그는 페미니스트의 입장에 서는 게 아니라 분석적인 맥락에서 페미니스트적인 요소를 사용하고 있다.

그는 작가에게 휘둘리지 않으며 작가의 생각이 지니는 영향력과 깊이가 자신의 생각을 완전히 좌우하도록 허용하지 않는다. 오히려 작가를 이용한다. 글의 전반적인 어조에는 감정이 담겨 있지만 이 감정은 훌륭한 관찰과 절제된 생각으로 억제된다. 이것이 이 사람이 거둔 실질적인 성과였다.

빙판을 떠난 이야기를 하면서 그의 목소리는 갈라지고 손은 떨렸다. 눈에는 어느새 눈물이 차오르고 있었다. 이제 그의 글 전반에도 그와 유사한 느낌이 들어가 있다. 그가 보부아르의 책을 이야기할 때 독자는 그가 작가의 생각을 단순히 추상적으로 받아들이지 않는다는 점을 분명히 알게 된다.

그는 내게 자신이 그렇게 두꺼운 책을 들고 다녀 학교에서 종종 놀림을 당했다고 말했다. 그에 대한 대응으로 그는 놀리는 친구들이 관심을 가질 만한 구절을 책에서 찾아 읽어 주었다. 그래서 그 친구들도 《제2의 성》을 들고 다니기 시작했다고 한다.

"도서관에서 그 책을 추가로 들여놔야 했죠." 은근히 자부심을 느끼며 내게 말했다.

그는 다시는 빙판으로 돌아가지 않았다. 하지만 진지하게 젠더 문제에 관해 연구하다 인류학을 전공했다.

◆ ◆ ◆

세 번째 사례는 생각이 어떻게 고립될 수 있는지에 대한 실제 사례다. 나는 해양 생물학자가 되고 싶어 하는 사람을 가르친 적이 있다. 잠수를 잘했던 그는 여름 동안 얼마의 시간을 캘리포니아주의 몬터레이에 있는 모스랜딩 해양 연구소에서 보냈다. 나와 만났을 때 그는 자신의 분야와 관련된 과학책을 읽기 시작했다. 다음은 그가 쓴 에세이의 시작 부분이다.

연구 결과가 보여 주는 바에 따르면 일정 환경에서 질소와 암모니아의 균형은 무척추동물의 주요 역할을 달라지게 할 수 있다. 그래서 다른 생물에게 터전과 같은 역할을 제공해 주는 기반 종의 서식지를 조정한다. 대마디말과를 활용하면 기반 종이 자신의 서식지를 지키도록 도울 수 있다.

이런 식의 글이 이어졌다. 글쓴이는 너무 성급하게 글을 진행하고 있다. 그는 자신만의 연구를 토대로 한 진정한 통찰 없이 과학 기자의 언어를 흉내 내려고 한다. 자신의 경험 기저에 깔려 있는 느낌을 놓치고 있으며 직접 관찰한 것도 보이지 않는다. 하지만 그렇다고 해서 그의 목소리에 담긴 이러한 요소를 모두 제거할 필요는 없다. 그는 과학자가 어떤 소리를 내야 하는지 듣고 있고 그 소리를 본받으려고 하기 때문이다.

그의 글을 처음부터 다시 검토하면서 나는 찰스 다윈의 《비글호 항해기 The Voyage of the Beagle》 16장에 나오는 내용을 소개해 주었다.

나는 며칠 동안 계단식으로 이루어진 조약돌 층을 조사했다. 그것은 캡틴 홀Captain B. Hall이 처음 발견한 것인데 라이엘은 그 층이 육지가 점차 상승하면서 파도에 의해 형성된 것이라고 믿었다. 이 설명은 확실히 맞다. 내가 그 층들에서 현존하는 종들의 조개껍데기를 다수 발견했기 때문이다.

이 글에서 작가는 분명하고 절제된 목소리로 글을 쓴다. 그는 해안가의 층을 관찰하면서 캡틴 홀 때문에 알게 된 것이라고 겸손하게 말하고 퇴적 작용에 대한 라이엘의 연구에 대해 언급한다. 그러고 나서 자신이 관찰하는 장면으로 돌아와 그 장면에 자신이 순간적으로 포착한 자세한 관찰을 덧붙인다.

테라스처럼 생긴 다섯 개의 좁은 층이 약간 경사를 이루며 한 층 한 층 계단식의 모양을 이루고 있었다. 그중 가장 큰 층은 조약돌로 형성된 층이었다. 만과 맞닿아 있었고 계곡의 양쪽을 덮친 모습이었다.

코킴보 북쪽의 구아스코에서는 이런 현상이 훨씬 더 큰 규모로 나타난다. 그래서 그곳의 주민조차 크게 놀란다. 그 층들이 매우 광범위해서 평야로 불러도 무방할 정도다.

테라스 층이 어떤 지점에서는 여섯 개의 층으로 이루어지는데 대부분은 다섯 개의 층이다. 그 테라스 층은 해안에서 약 59킬로미터 떨어진 계곡까지 점령한다. 이 계단식 테라스 층은 규모가 더 작다는 점만 빼면 산타크루즈강의 계곡에 있는 것과 매우 흡사하다.

산타크루즈 계곡의 테라스 층은 엄청나게 큰 규모로 파타

고니아의 해안선을 쭉 따라 연결되어 있었다. 이는 틀림없이 대륙이 점진적으로 상승하다 오랜 세월 멈추었을 때 바다의 침식 작용으로 생긴 것이다.

그다음 나는 그에게 모스랜딩에서 본 해양 조사선의 이름이 무엇이냐고 물었다. 그는 '존 마틴'이라고 했다. 그래서 나는 다윈의 글을 참고해서 '존 마틴 항해기'를 써 보라고 했다. 다음의 글이 그가 쓴 글이다.

존 마틴호는 캘리포니아주의 모스랜딩에 있는 부두에 정박했다. 이 배는 선체 뱃머리가 약간 위로 향한 둥근 모습이었고 크기는 작은 예인선보다 많이 크지는 않았다. 배에는 선장과 교수를 위한 작은 선실이 하나 있었고 나머지 부분은 다 갑판이었다. 엘크혼 슬라우로 출발하기 전에 우리는 탐사에 사용할 새 장비를 모두 배에 실어야 했다. 어떤 상자를 보고 나는 학교에서 현미경을 담는 상자가 생각났다. 금속 틀 속에 이상하게 생긴 하얀 튜브가 있는 상자였다.

이 글은 묘사하는 행위에 해당되는 과학적 관찰이다. 생생하게 묘사했지만 전후 맥락이 충분하지 않고 깊은 정서적 느낌도 빠져 있다. 글쓴이는 생각에서 관찰로 갑자기 전환했고 느낌은 완전히 건너뛰었다. 그리고 글이 진행되던 중에 생각이 사라졌다.

일단 배가 어떻게 묘사되었는지 살펴보자. 묘사에는 사람이 없고 배만 있다. 그래서 인간적 정서가 싹틀 기반이 없다. 지리적인 환경을 제대로 느낄 수 있는 단서도 전혀 없다. 글이 물리적인 면에서는 생생할지 모르지만 감정의 힘이나 지적인 집중력에서는 부족한 면이 있다. 자신이 무언가를 하고 있을 때 어떤 감정을 느끼는지 깨닫는 데까지는 여러 주가 걸렸다. 그에게는 어려운 일이었다.

어린 시절부터 그는 꿈이 명확했고 그의 삶은 그 꿈을 이루는 데 초점이 맞춰져 있었다. 그는 자신의 결심을 직설적으로 표현하며 글을 썼지만 마지막 원고를 쓸 때까지 왜 그런 결심을 하게 됐는지에 대한 생각이 표현되지 않았다. 그러다 마지막 원고에서는 이렇게 썼다.

차가운 물이 내 잠수복을 파고들었다. 일행은 배 밖으로 몸을 구부려 내게 펜이 달린 클립보드를 건네주며 조사 위치를 가리켰다. 물은 따뜻했는데 시야는 잘 확보되지 않았다. 물속으로 들어가니 한류와 난류가 만나고 있었다. 2미터 아래에는 경산호가 퍼져 있었다.

나는 산호 위를 맴돌면서 그곳을 가로지르는 트랜섹트를 설치한 시작점으로 헤엄쳐 갔다.

이 글에는 관찰과 느낌이 잘 묘사되었다. 이제 남은 것은 훌륭한 생각을 더하는 것이었다. 생각은 추가적인 요소가 아니라 관찰과 느낌에서 필연적으로 확장되는 것이어야 한다.

처음에 그는 매튜 브락켄과 '상리 공생 공동체'로 불리는 과학자들이 2007년에 발표한 논문에 실린 전문적 결과를 인용해 여러 구절을 썼다. 질소와 암모니아의 균형 같은 문장을 인용한 것이다. 하지만 그런 문장은 단조롭고 딱딱하다. 나는 그에게 자신이 본 장면을 독자도 볼 수 있게 하려면 특정한 장면을 설정하여 산호에 서서히 접근해야 한다고 말했다. 그가 그렇게 쓰기까지 많은 시간과 노력이 필요했다.

배 아래에 모래 바닥이 방대하게 펼쳐져 있었다. 나는 산호 조각들을 발견할 수 있었다. 그래서 산호 위를 맴돌면서 그곳을 가로지르는 트랜섹트를 설치한 시작점으로 헤엄쳐 갔다. 선은 긴 노란색 테이프로 10미터 간격으로 표시되어 있었다.

  내 아래쪽을 보니 산호가 빽빽하게 있었다. 더 자세히 보니 그 산호의 표면과 틈에 무척추동물이 풍부하게 서식하고 있는 것이 보였다. 나는 산호가 하얗게 변하는 징후는 없는지 세세히 살폈다. 대마디말과 해초, 거기서 서식하는 무척추동물의 상리 공생에 대한 매튜 브라켄의 대표적인 논문이 생각나 나는 하얀색은 건강한 게 아니라고 혼잣말을 했다. 하얗게 바래진 산호가 길게 펼쳐져 있는 광경이 보였을 때 무언가 매우 잘못됐다는 생각이 들었다.

  그다음 그는 논문을 조금 더 인용하면서 그 이유를 계속 말했다. 그는 브라켄의 연구를 인용한 것에 더해 환경 손상의 다른 징후들을 찾아보려고 했다. 이러한 징후를 그는 '지표 기호'라고 부른다. 명확한 결론에 이르지는 못했지만 그가 의욕적이고 단호한 어린 연구자라는 인상을 준다.

  해양 생물학과에 지원할 때 이는 중요한 요소다. 다이빙을 취미로 시작하고 단순히 바다에 있는 걸 좋아하는 사람이 지원을 하는 경우가 많기 때문이다. 그의 자기소개서를 읽는 사람은 그가 무언가를 하는 곳이 물속이라는 것을 잘 느끼지 못한다. 그가 눈앞에 보이는 것들에 집중하고 있기 때문이다. 그는 과학적 연구의 수단과 목적을 혼동하지 않는다.

그가 왜 해양 생물학자가 되려고 하는지 어떻게 그 꿈을 가지게 되었는지 알아내지는 못했다. 하지만 시간이 지나 그는 자기소개서가 과학적인 글을 원하는 독자에게 보여 주는 글이 아님을 이해하게 됐다.

나는 수중 탐사를 목적으로 한 글이 아니라 그것에 관한 이야기를 담은 글을 쓸 수 있도록 이끌었다. 그러한 글을 끌어내려면 그의 목소리를 더 포괄적인 독자에게 맞춰야 했다. 다윈의 책 이외의 다른 책은 추천할 필요가 없었다. 그는 이미 자신이 아주 잘 아는 논문들을 능숙하게 인용했기 때문이다.

그에게 필요한 것은 좋은 글을 쓰기 위해 통합적인 능력을 발휘하는 것이었다. 관찰과 느낌, 생각이라는 세 가지 요소를 온전히 활용할 수 있어야 했다. 과학적 논문의 목소리를 모방하고 자신만의 독창적인 연구가 없는 상태에서 나온 그의 목소리는 새롭지 않다.

초안을 다듬고 또 다듬은 후에야 비로소 그는 형식적인 과학 언어라는 개념적 필터를 통해서는 비출 수 없는 자연 세계에 대한 정교하고 섬세한 자각을 보여 줄 수 있었다. 그의 초기 원고에 없었던 것이 바로 이러한 감각이었다. 이 감각은 그가 본 것과 느낀 것, 나아가 생각한 것을 끝까지 끌어내어 자기소개서에 생명력을 불어넣었다.

◆ ◆ ◆

사람들은 종종 남들이 하지 않은 독특한 경험을 한다. 그런 경험이 신문에 보도되기도 한다. 환경 운동을 적극적으로 하거나 어려운 이웃에게 선행을 베푸는 사람들을 우리는 가끔 신문에서 본다. 하지만 그러한 자신만의 경험이 자기소개서에는 잘 드러나지 않는다. 아마 자신의 이야기를 지나치게 검열하기 때문일 것이다. 그래서 자신만의 독특한 경험인데도 다들 하는 경험으로 생각하거나 조금 예외적이지만 있을 수 있는 경험으로 생각한다.

확실히 많은 자기소개서에는 공통점이 있다. 지금까지 다룬 각각의 경험들, 여행하면서 사진을 찍고, 피겨 스케이팅 대회에 참가하고, 다이빙을 하는 것은 일반적인 경험의 범위를 크게 벗어나지 않는다.

각각의 사례에서 글쓴이는 남들과 비슷한 경험을 말하며 자신의 이야기를 시작했기 때문에 다른 사람의 경험과 동떨어진 특이한 경험을 말하는 게 어려웠다. 각각의 초기 원고에서는 개인적인 앎이 거의 존재하지 않았다. 거기에는 독특함이 부족했다. 자신의 경험을 처음부터 잘 써 낼 수는 없다.

사람들이 전개하는 이야기는 처음에는 종종 삐걱거린다. 썩 좋지 않은 실력으로 글을 마구 써 나가다 보면 새로운 통합을 알려 주는 단서를 알아채지 못하고 지나치기 일쑤다.

나는 기본적으로 누군가가 어떤 문장을 잘 썼을 때 그것을 알려 주고 하나씩 증명해 보인다. 자신이 새로운 것에 접근했음을 이해하는 사람은 극히 드물기 때문이다. 하버드 대학교의 글쓰기 수업에서도 지도 교수로서 내 역할은 "이 페이지에는 훌륭한 문장이 한 개가 있군요. 그것에 집중하세요. 나머지 문장을 다 버리세요. '바로 이 문장'에서 시작하세요."라고 말하는 거였다.

앞으로 전개될 문장의 토대가 놓이는 '바로 이 문장'이 좋은 문장이다. 세 가지 사례의 사람들은 각각 돌파구가 될 문장을 썼다. 그러한 문장은 단 한 번 강렬하게 언급되어 새로운 존재감을 글에 담았고 거기서 관찰과 느낌, 생각이 통합되었다. 그 문장들은 다음과 같다.

그 그림은 너무 유명해서 내가 모를 리 없었다. 내가 그 그림을 보고도 새까맣게 잊었거나, 진짜 본 적이 없다 해도 그 그림은 어떤 식으로든 나의 일부가 되었을 것이다.

나는 미니애폴리스 전국 대회에서 우승하기 위해 8년 동안 훈련했다. 그런데 그간 내가 한 모든 행위가 단 한 번의 욕설로 압축되었다.

차가운 물이 내 잠수복을 파고들었다.

이 문장들을 시작으로 무엇이 펼쳐졌는지 생각해 보자. 단 한 번 언급했을 뿐인데 새롭게 뻗어 나갈 방향이 무한히 많음을 알 수 있을 것이다. 이러한 문장은 새로운 통찰로 생긴 게 아니다. 세 명 중 아무도 비약적인 발전을 해서 통찰을 얻은 게 아니라는 의미다. 사실 그 좋은 문장 역시 그들이 쓴 여러 문장 중 하나에 불과했다. 그렇지만 나는 그들이 얼마나 잘하고 있는지, 글의 방향을 얼마나 잘 잡았는지 보여 주어야 한다고 생각했다.

  그들과 비슷한 글을 쓰는 사람이 있음을 보여 주기 위해 비슷한 글을 쓴 훌륭한 작가의 문장을 보여 주기 시작했다. 그다음 자신의 글에서 최고 좋은 구절을 구글로 검색해 보라고 했다. 최대한 구체적으로 검색해 보라고 말이다.

  '조건과 일치하는 검색 결과가 없다'는 메시지가 나오면 자신이 쓴 글에 자신만의 목소리가 담겼음을 알 수 있다. 이렇게 하는 게 단지 시작에 불과할지 모르지만 견고한 시작이며 진정한 시작이었다. 그 시작은 모두 자신만의 것이었다.

  여기서는 보편적인 경향이 뚜렷하게 보이는 세 가지 사례만 골라서 살펴봤다. 내가 가르친 사람들은 모두 자기소개서를 훌륭하게 작성했다. 관찰과 느낌, 생각에 탄탄한 토대를 놓고 글을 쓴다. 그러고는 내가 결코 예측할 수 없는 방식으로 저절로 발전해 나아간다.

◆ ◆ ◆

  관찰, 느낌, 생각. 우리는 좋은 글을 살펴보며 이 세 가지 요소를 거듭 다루었다. 나에게 가르침을 받은 사람들은 공통적인 목표를 세운다. 글쓰기에 활용해 보지 못한 것이나 보고도 지나친 것 또는 자신의 경험에 대해 느끼지 못한 것이나 감정을 이해하지 못한 것을 정확하게 포착하겠다는 목표다.

글쓰기는 자기 자신의 소리를 들을 수 있는 수단이 된다. 글을 잘 쓰게 되면 자신의 경험을 글에 담을 수 있고 그러한 기록을 참고해 자기가 자신에 대해 어떻게 여기는지 점검해 볼 수 있는 것이다. 나는 종종 이런 말을 듣는다.

"재밌네요. 제가 제 자신에 대해 이렇게 생각하고 있었다니요. 하지만 다시 보면 그 모습은 전혀 제가 아니에요."

항상 잘 쓰인 글은 글쓴이를 더욱 발전적이고 정확한 자아상으로 이끌었다. 사람들은 이전의 자아상과 선명하게 대조를 이루는 경험에 집중해 사물을 다르게 보기 시작한다. 그들은 경험의 작은 조각 하나를 간파하는 지점을 보지 못했다는 사실을 인식하거나 솔직하게 내게 말하면서 사물을 다르게 보는 단계로 진입한다.

경험의 순간을 잘 이해하면 그 경험과 관련된 생각은 어떤 것이라도 시도해 볼 수 있다는 점을 그들은 점진적으로 인식하게 된다. 하나의 경험에 가까이 접근하면 할수록 다른 모든 경험을 펼쳐내는 일도 쉬워진다.

마침내 그들은 수동적이 아니라 적극적으로 선택한 길로 나아갈 준비가 되었다고 느낀다. 또한 새로운 것에 적응할 수 있을 뿐 아니라 기존에 가지고 있던 인식도 바꿀 수 있다고 생각한다. 그렇게 미래를 향해 한 발 더 나아간다.

personal storytelling

8장

자기소개서는 우리 삶을 바꿀 수 있다

예측하지 못한 상황에
강렬한 경험을 하게 된다

TIP

1. 글이 나아갈 방향을 잘 잡기
2. 행동과 흐름, 다양성 있는 이야기 만들기
3. 발전해 나가는 힘을 내포하는 글을 쓰기
4. 자신의 이야기를 지나치게 검열하지 않기
5. 독자에게 관심을 구걸하지 않기

　이 책은 글을 통해 자기를 잘 표현할 수 있도록 하는 기술을 담고 있다. 그러나 이렇게 자기를 표현하다 보면 우리 삶에서 새로운 방향을 찾게 되기도 한다. 어떻게 그런 일이 가능할까?

　에세이는 선택의 중심을 글쓴이에게로 옮겨 놓는다. 그래서 글쓴이는 자신이 하는 일이 수동적으로 받아들이는 것이 아니라 적극적으로 선택해야 하는 것임을 점점 느끼게 된다. 이 점을 자각하기 전에는 자신이 하는 여러 활동에 의미가 없다고 생각했을 것이다.

실제로 나는 그러한 고충을 자주 들었다. 학교생활을 예로 들어 보자. 학생들은 학교에서 운동부, 밴드부, 연극부 등의 동아리 활동을 하게 된다. 그들은 어쩔 수 없이 원래 있던 동아리 중에서 최선의 선택을 한 것이다. 그것에 잘못된 점은 없다. 하지만 그 활동의 출발점은 학생이 아니며 그 활동이 삶을 새로운 방향으로 안내하거나 사람의 숨은 성향을 발견해 주지는 않는다.

사람의 발전을 보여 주는 자기소개서는 글을 쓸 사람이 학교 밖에서 시간을 어떻게 사용하고 있는지 생각해 볼 수 있도록 해야 한다. 자기소개서가 방과 후나 퇴근 후, 주말, 방학이나 휴가 동안 하는 활동에 대한 틀을 설정해 주는 역할을 해야 한다는 것이다.

처음부터 사례로 검토해 온 두 개의 에세이를 다시 생각해 보자. 광산을 소재로 에세이를 쓴 글쓴이는 후에 아버지와 다시 광산을 찾기로 결심했다. 오렌지를 자르는 내용으로 시작하는 에세이를 쓴 글쓴이는 관심을 계속 키워 가며 조지아 대학교에서 현장 지질학 수업을 듣는다.

이러한 움직임은 보고 느끼고 생각하는 것에 '행동'을 더하는 것이다. 이는 수동적이기보다는 적극적이라는 느낌을 전달한다. 이렇듯 자기소개서의 역할이 커지면 실제로 글쓴이의 행동을 이끌어 낸다. 하지만 행동의 범위는 제한적일 때가 많다. 여행을 한 번 다녀올 수도 있고, 주제 하나를 연구할 수도 있다. 단 한 번이라도 괜찮다. 중요한 점은 에세이에서 나타난 관찰과 느낌, 생각과 적절하게 조화를 이루는 것이다.

어떤 활동을 하든 그 활동을 출발점으로 삼아 개인적인 선택을 보여 줄 수 있다. 만일 수학여행으로 광산을 방문하게 되었다면 그 경험은 끊임없이 광산에 관한 생각을 하게 할지도 모른다. 동아리에서 악기 연주를 해 보면 음악 이론과 음악사에도 흥미가 생길 수 있다. 연극 동아리에서 어떤 역할을 맡아 공연을 했다면 연극이나 외국에 관심이 생기기도 한다.

그러한 선택을 자기 스스로 하고 있는 모습을 보여 주어야 한다. 여러 가지 활동을 자발적으로 하면서 다양한 경험을 쌓아야 한다. 그리고 나서 개인적으로 특별한 의미가 생긴 새로운 방향을 찾아 나가야 한다.

첼로 연주를 시작한 사람이라면 비올라 다 감바 연주자로 전향하겠다는 결심을 할 수 있다. 외국어를 공부하다가 어떤 식으로든 자신에게 더 많은 울림을 주는 언어를 발견하고 그 언어를 배우기로 할 수도 있다. 여기서 중요한 점은 자신을 내적으로, 외적으로 모두 열어 두고 있는 그대로의 경험을 하겠다는 태도를 갖는 것이다.

하나의 스토리텔링에 모든 활동을 담을 수 없고 그래서도 안 된다. 활동도 하나의 스토리텔링에 관련이 있어야 한다. 이것저것 여러 활동을 했다고 하면 오히려 어수선하다는 느낌만 전달한다. 관련 없는 수많은 활동은 그 활동을 통해 무엇을 이야기하고자 하는지 발견하기 어렵다.

나는 사람들이 해 온 수많은 활동을 검토하고 분류하는 과정을 돕고 있다. 그렇게 해서 진정한 의미가 있는 활동을 발견하도록 한다.

어떤 활동이 사람의 내면에서 확고히 자리를 잡기 시작할 때 그 사람은 그 활동 안에서 매우 독립적인 길을 개척한다. 특정한 활동을 할 때 방향을 독립적으로 설정하면 좋다. 하지만 무작정 독립적이어서는 곤란하다. 스스로 현실적인 목표를 세워 자신이 예측할 수 있는 결말을 향해 단계적으로 나아갈 수 있음을 보여 주어야 한다. 신중하게 한 걸음씩 나아가는 게 최상이다. 그렇게 하면 경험과 통찰이, 행동과 존재가 점차 조화를 이루는 과정을 보여 줄 수 있다.

광산을 소재로 에세이를 쓴 학생은 학생회에서 주도한 여행에 참여해 웨스트버지니아를 찾았다. "그 후 나는 그를 다시 보았다. 손에 노트를 들고 있는 그 남자의 눈에 눈물이 맺혔다."라는 표현을 보면 글쓴이는 광산을 다시 살피는 게 중요함을 깨달은 것 같다. 광산 대표자를 다시 보고 새로운 모습을 포착하면서 광산도 다시 봐야 한다고 결심했을 것이다. 글쓴이는 광산 대표자들이 모든 것을 투명하게 보여 주지 않고 왜곡해서 보여 줬을지도 모른다는 의심을 품는다. 글쓴이는 광산을 다시 방문한다.

글쓴이는 여행 경험을 묻는 전형적인 추가 질문에 짧게 광산을 다시 찾은 일을 서술한다.

나는 혼자 광산으로 다시 가 보았다. 아니 완전히 혼자는 아니었다. 아버지가 차로 데려다주었다. 아버지는 산길을 내가 혼자 차를 타고 가면 안 된다고 했다. 그리고 광산의 대표자를 만날 수 있도록 미리 전화를 해 두라고 당부했다. 나는 아버지에게 그를 알고 있다고 말했다. 어느 정도는 안다고 느꼈기 때문이다.

나중에 그의 이름이 오그던 필부룩이라는 걸 알게 됐다. 그의 이름을 듣고 나는 광산에서 흘러간 석탄 가루로 진흙투성이가 된 머농거힐라강이 머리에 스쳤다.

그는 정문에서 우리를 만나 통행증과 광택이 나는 노란색 헬멧을 주었다. 헬멧 뒤 테두리에는 '방문객'이라는 글씨가 띄엄띄엄 찍혀 있었다. 그는 우리에게 배가 고픈지 물었다. 배가 고팠지만 그렇지 않다고 말했다.

"여기 다른 건 없는데 간이매점이 있긴 해요."

그가 둘러대듯 말했다.

나는 아무것도 먹고 싶지 않다고 말했지만 아버지가 배고프다고 말하니 그의 기분이 좋아 보였다. 나는 그가 아버지의 손목을 오래도록 잡고 있는 것을 보았다. '이 사람은 우리에게 관심이 있구나.' 하는 생각이 들었다. 그는 우리를 조금이나마 알고 싶어 하는 것 같았다.

'다시 보다'라는 표현이 얼마나 중요한지 이미 언급했다. 여기서 다시 본다는 것은 광산을 두 번째로 찾는다는 뜻이다. 이 글에서 글쓴이는 적극적이고 자기 주도적이다. 혼자서, 아니 자신이 주체가 되어 광산을 찾았다는 사실은 자신의 눈앞에 있는 현상에 열린 태도를 갖고 있음을 보여 준다.

물론 용기가 필요한 일이다. 다시 본다는 것에는 이런 인식이 담겨 있다. 처음에는 모든 것을 볼 수 없음을 안다는 인식 말이다. 또한 실제로 벌어지는 일을 궁금하게 여긴다는 의미도 있다. 처음 볼 때처럼 다시 볼 때도 어떤 사물이 변화의 가능성을 가지고 있음을 염두에 두어야 한다.

  에세이가 반드시 어떤 것을 완벽하게 이해했다는 증거가 될 필요는 없다. 자신만의 세계를 벗어나 다른 사람의 세계로 들어가서, 아니 최소한 들어가려고 시도하며 이해하려는 모습을 보여 주면 된다. 이때 어떤 것의 변화를 판단하기보다 예리하게 인식하기만 해도 좋다.

  두 번째 관찰은 글쓴이에게 다른 방식으로도 울림을 준다. 집으로 돌아온 글쓴이는 더욱더 독립적으로 행동하기 시작한다. 어떤 활동을 했는지 전형적으로 묻는 또 하나의 추가 질문에 답하며 글쓴이는 자신의 삶에 함축된 의미를 보여 주고 하나의 스토리텔링과 연결시킬 기회를 잡는다.

> 광산에 다녀오면서 나는 지난번에 광산 회사 측이 무언가 말을 하지 않았다는 생각을 했다. 내가 잘못된 질문을 한 것은 아니었다. 사실 나는 무엇이 맞는 질문인지조차 몰랐다. 그래서 두 달이 지난 후 학생회장 선거 기간에 작은 테이블을

놓고 '광산업에 관하여'라는 주제로 조사를 진행했다. 먼저 처음에 광산에 함께 갔던 학생들을 대상으로 인터뷰를 하며 그들이 무엇을 보았는지 물었다. 그리고 도서관에서 미국의 광산과 광산의 역사를 다룬 책을 빌려 와 전시해 두었다.

생각지도 못하게 나는 학생회장 후보가 되었다. 내가 후보로 등록되어 있지는 않았다. 그러나 누군가 내 이름을 후보 목록에 별도로 기재해 선거를 하자는 의견을 낸 것 같았다. 표를 많이 받아 2위가 되었다. 당선되지는 않았지만 학생들은 나를 학생 자치위원회 회장으로 추천했다.

자치위원회 회장으로서 광산으로 여행을 가는 걸 계획했다. 나에게는 세 번째 방문이었다. 이 여행은 내가 두 번째 갔을 때 만난 광부들이 도움을 주었다. 후에 교내 신문에서 그 여행을 특별 기사로 다루었다.

울림이 느껴지지 않는가? 그렇기에 어느 정도 의미 있는 글이 된다. 이 글이 하나의 스토리텔링의 일부이기 때문에 글쓴이는 이 글에서 주요 이야기에서 나온 모든 내용을 다시 언급할 필요가 없다. 짧지만 울림을 줄 수 있다.

오렌지 이야기로 에세이를 쓴 글쓴이는 추가 질문에 답변하면서 어렸을 때 가졌던 취미를 적었다.

어렸을 때 나는 오션 시티의 해변에 가면 수영은 하지 않고 열심히 모래성만 쌓았다. 모래성이 무너지는 걸 보는 게 너무 재밌었다. 몇 년 지나서는 해변을 흔들리게 만들어 모래성을 무너뜨릴 수 있는지 궁금해서 삽으로 땅을 쳐 볼까 하는 생각이 들었다. 얼마나 세게 땅을 쳐야 모래성에 금이 가는지 궁금했다. 그래서 강도를 메모하면서 땅을 쳤다.

부모님은 내 열두 번째 생일 선물로 장난감 지진계를 사 주었다. 하버드 과학 지진계라는 이름의 장난감이었는데 종이가 둥글게 말려 있었고 거기에 철사로 연결된 펜이 붙어 있었다. 땅을 치면 철사가 위아래로 흔들리며 종이에 선을 그렸다. 종이를 일정하게 뽑아내는 게 쉽지 않았지만 뽑아서 보면 땅의 흔들림이 삐죽삐죽하게 기록되어 있었다.

나는 언제 어디서나 지진계를 사용했다. 덜컹거리는 트럭이 집을 지나갈 때, 세탁기가 쉴 새 없이 돌아갈 때, 부모님 차의 뒷좌석에 앉아 자갈길을 지나갈 때 모두 지진계를 작동시켰다. 내 지진계에서 나오는 종이가 그래프용지는 아니었지만 직접 숫자를 적어 넣어 그럴듯하게 보이도록 만들었다.

나는 동네에서 '지진계 아이'로 알려지게 됐다. 나는 그 별명이 사랑스럽다. 지금도 어디서든 지진계를 꺼낸다.

이처럼 자신이 앞으로 나아가고자 하는 길이 학업이 아닌 놀이로 먼저 나타나기도 한다. 잠재력은 취미에 숨어 있기도 하다. 모형 철도에는 공학적 요소가 가득하고 패션에는 예술사가 깊게 결합되어 있다. 종이접기는 기하학과 깊은 관계가 있다.

사람들은 이러한 취미를 중요하다고 생각하지 않는다. 공부와 상관없는 것을 하면 안 된다고 생각하기 때문이다. 하지만 그러한 취미를 즐기는 일은 자신만의 비밀스러운 공간을 만드는 것일 수 있다. 거기서 펼쳐지는 상상의 세계는 자신이 미래를 향해 나아가는 데 도움이 된다. 그리고 그것을 자기소개서에 담아야 한다.

◆ ◆ ◆

자신이 쓴 하나의 스토리텔링과 조화를 이루지 않는 활동은 어떻게 해야 할까? 어떤 활동이든 활동을 하면서 새롭고 다양한 경험을 한다. 그렇기에 어떻게 글을 작성하느냐에 따라 조화를 이룰 수 있다. 하지만 종종 어떤 활동은 자기소개서에 넣기가 까다로울 수 있고 전체적인 이야기와 조화를 이루지 못하는 것처럼 보일 수도 있다. 특히 운동이 그렇다.

내가 가르친 사람들은 대부분 어렸을 때부터 운동을 좋아했다. 프로 선수가 된 사람은 거의 없지만 그들은 여전히 어려운 신체 활동을 배우길 좋아한다.

운동이 여가 시간을 모조리 앗아 가고, 운동을 하고 나면 피곤해서 성적이 떨어진다. 그들의 삶을 운동이 서서히 장악한다. 그래도 운동을 좋아하는 사람들은 포기하지 못한다. 일류 대학은 운동하는 사람을 많이 뽑지 않지만 운동을 할 때는 그 사실에 관심을 기울이지 않는다.

아이비리그에 체육 특기자로 장학금을 받고 들어갔다고 해도 흔히 대학에서 겉도는 경우가 많다. 고등학교에서는 찬사를 받던 그들이 대학에서는 눈에 띄지도 않는다. 그래서 그들은 대학 생활을 즐기지 않고 자신이 소속되어 있는 팀에만 집중한다. 운동을 하는 이들은 지식을 쌓는 시간까지도 운동에 열중하기에 지성의 상아탑 중심부까지 들어가지 못하는 경우도 있다.

체육 특기자의 자기소개서에는 어느 정도 과장이 스며들기 마련이다. 자기소개서가 지원자를 가장 잘 꾸미는 형태가 되는 것이다. 내가 만난 사람들은 대개 운동은 잘하지만 그렇다고 탁월한 수준은 아니다. 그들은 고등학생 2학년 이후에는 운동을 계속해 봤자 비전이 없음을 알게 된다.

합숙 훈련을 하면서 여름을 보낸 사람은 수업을 듣거나 연구에 참여하거나 새로운 언어를 배우며 여름을 보낸 사람과 다르다. 운동하는 사람들은 학업 성적을 올리기가 친구들보다 훨씬 힘들다는 걸 알아 가는 듯했다. 그래서 많은 사람들이 자기소개서에 스포츠 의료나 스포츠 저널리즘을 공부하고 싶다고 쓰며 운동을 소재로 하나의 스토리텔링을 만들려고 노력한다.

하지만 일류 대학에서는 그런 분야가 학부 과정에서 전문화된 경우는 많지 않다. 또 어떤 경우에는 그렇게 꾸며 낸 관심이 너무 흔하고 억지스러워서 설득력이 떨어진다. 어떤 교훈을 운동에서 끌어내려는 이야기는 자기소개서라기보다 라커룸에서 선수들이 듣는 격려 연설처럼 들린다.

이런 까닭에 체육 특기생의 자기소개서는 특히 쓰기 어렵다. 게다가 이들은 운동에만 관심을 두고 있기에 다른 분야로 그 관심을 확장시키기도 쉽지 않다. 그러나 쉬운 방법은 없다. 이러한 이들은 좀 더 다른 분야에 관심을 기울이는 수밖에 없다.

❖ ❖ ❖

스토리텔링은 '말'이다. 여기에 활동한 이야기까지 덧붙여지면 '말'이 '행동'으로 확장된다. 게다가 하나의 스토리텔링을 잘 구성하면 자기소개서의 이야기는 과거의 어느 순간을 밝게 드러내 준다. 과거를 통해 더 넓은 세상을 깨우치게 되는 것이다. 이렇게 더 넓은 세상으로 나가는 적극적인 모습을 표현해야 잘 쓴 자기소개서가 될 수 있다. 그것이 더 넓은 정치 세계든, 더 넓은 문화 세계든 말이다.

더 넓은 세상은 우리가 통찰하고, 삶에서 깨우친 것들에서 조화를 찾아낸 공간이다. 자기소개서는 그러한 세상을 그려 낼 수 있으며 그것이 글쓴이 자신을 보여 주는 힘이 된다. 이러한 힘을 지닌 글쓴이는 세상에서 자신의 자리를 잡아 간다.

그렇게 확보한 자리는 매우 특별한 영역이다. 도널드 위니캇은 인간에게 세 가지의 삶이 있다고 말했다. 세상에서의 삶과 문화적 경험을 하는 삶, 개인의 삶이 그것이다. 이 세 가지 삶은 큰 원 안에 중간 원, 중간 원 안에 작은 원이 들어 있는 형태다. 가장 큰 원은 도시와 주, 국가를 포함하며 중간 원은 문화적이나 민족적인 정체성을 담고 있다. 가장 안에 있는 작은 원은 개인의 내적인 삶이다.

  대부분의 자기소개서는 세상에서의 삶을 주로 다루며 추가로 문화적 경험의 삶도 묘사한다. 개인의 삶은 단순히 '개인적' 이야기로 치부되어 중요한 자리를 차지하지 못한다. 게다가 개인적 이야기를 적어 보라고 해도 실제로는 개인적인 요소가 없다. 진정한 자신이 표현되지 않는 것이다. 그런 글은 단지 세상에서 사는 삶을 되풀이해서 요약하고 거기에 가끔 겉핥기식으로 경험한 문화를 추가하는 형식이다. 그렇게 되면 개인의 삶은 세상에서의 삶과 문화적 삶 사이에서 파악될 수밖에 없다.

  세상에서의 삶은 시민적 삶과 정치적 삶을 포함한다. 문화적 삶에는 가족과 인종, 종교가 들어 있다. 하지만 이 두 가지 삶으로 그려진다면 글쓴이의 최종적인 모습은 다소 흐릿하기 마련이다. 집단에 매몰되어 자신을 크게 보여 주지 않아도 되기 때문이다. 그러면 나는 사람들에게 개인적인 이야기가 추가된 에세이를 적어 보라고 했다. 진정으로 개인적인 요소를 보여 달라고 말이다. 그러나 대부분 진정한 자신을 표현하지 못하는 경우가 많았다.

문화적 경험의 삶을 쓰면 글쓴이의 내적 삶을 보여 줄 수도 있고 그렇지 않을 수도 있다. 그러한 경우 감정이 기존에 가지고 있는 사고를 통해 나오는 게 아니라 무언가를 관찰하는 짧은 순간에만 나타났다.

나는 거기서 개인의 생생한 삶을 끌어내기 위해 그 짧은 순간을 어떻게 활용해야 할지 자세하게 알려 주었다. 그 순간에 한 경험을 기존에 가지고 있는 생각에 맞게 바꾸는 게 아니라 그대로 받아들이며 삶의 증거로 삼도록 했다. 그럼에도 세상에서의 삶과 문화적 삶으로는 개인의 삶을 온전히 보여 주기엔 부족하다. 개인의 삶까지 잘 담아내는 글이 최선이겠지만 경험을 있는 그대로 받아들이는 태도가 사람에게 스며드는 데는 오랜 시간이 걸린다.

❖ ❖ ❖

어딘가에 배치가 된다고 말할 때 사용하는 '배치'라는 단어에 담긴 의미를 생각해 보자. 그것은 자신이 자신을 배치한 다기보다 누군가를 배치하는 행위를 의미한다. 또한 딱딱한 느낌을 전달한다. '배치'라는 단어 이면에는 선택의 자유라는 느낌이 거의 없다. 내가 사람들에게서 자주 듣는 이야기는 입시 컨설턴트나 취업 컨설턴트를 찾아간다는 말이다. 컨설턴트들은 보통 짧은 목록을 만들어 선택하도록 한다. 그런 목록이 실제 구속력이 있는 건 아니지만 사람들은 그 목록을 보면서 지시받는다는 느낌을 갖는다.

자신에 관한 가장 근본적인 선택 사항들이 사전에 정해진다는 점을 좋아하는 사람은 거의 없다. 그들은 내게 와서 이렇게 묻는다.

"이게 전부일까요?"

그렇지 않다.

요즘은 아직 제대로 평가받지 못한 새롭고 특별한 소규모의 활동이 오래되고 거대한 집단에서 하는 활동을 대체하는 추세다. 자기소개서 역시 새로운 소규모의 활동을 위주로 쓰는 경향이 있다.

글감을 선택할 때 많은 사람들이 집단에서 겪은 경험을 먼저 고른다. 광산을 소재로 에세이를 쓴 학생도 그랬다. 안타

까운 사실은 집단에 속해서 무언가를 겪은 경험 때문에 개인적으로 겪은 경험을 바로 떠올리지 못할 때가 많다는 점이다. 어떤 활동을 묘사할 때 집단에서 겪은 경험을 쓰면 자신을 예리하게 자각하기 쉽지 않다. 이때 문제가 발생한다. 사람은 자신을 집단의 구성원으로 단순화하고 자기소개서를 읽는 사람은 그렇게 단순화된 사람을 판단한다.

그러한 문제를 해결하는 방법은 개인적인 삶, 개인적인 활동이 담긴 자기소개서 쓰기다. 이는 사람을 발전시켜 원형적인 모습으로 만들어 준다.

글쓰기는 개인의 관찰과 느낌, 생각의 복합적인 형태로 이루어져야 한다. 이는 내 철학이라고도 할 수 있는데, 이 철학을 확립하는 데 도움이 되었던 데이비드 흄은 이렇게 썼다.

"우리가 외적 또는 내적 감각으로 미리 '느끼지' 못한 사물에 대해 '생각하는 것'은 불가능하다."

잘 쓴 자기소개서의 힘은 물리적이든 심리적이든 보고 느끼는 데서 생각의 근원을 정확하게 집어내는 데 있다. 그러면 쉽게 이해할 수 있는 방식으로 생각을 구체화할 수 있다. 만일 그 결과 자기소개서의 이야기가 기껏해야 생각의 근처만 맴돈다 하더라도 그 근원에 대해서는 명확하게 밝혀 준다.

이 점이 바로 문학 작가의 훌륭한 에세이와 이 책에서 다룬 사람들의 발전적인 에세이에서 끌어낼 수 있는 중요한 줄기다. 글을 읽는 사람은 글쓴이가 결론에 도달한 '방법'을 어느 정도 믿더라도 글쓴이의 결론은 믿지 않을 수 있다. 이러한 불신을 물리치고 글이 살아남게 하는 것이 일관성 있는 이야기다. 이야기가 일관성 있기만 하다면 글쓴이의 결론이 완벽하지 않다는 인식이나 글쓰기가 다양한 사건에 파묻혀 때때로 잘못된 생각을 하는 것 같다는 생각을 잠재울 수 있다.

◆ ◆ ◆

대학이나 회사에서 사람을 뽑을 때 시간이 없어 많은 내용을 제대로 심사하지도 못할 것이다. 그런데도 어째서 자기소개서를 심사하는 사람들은 더 많은 내용을 쓰길 요구하는 것일까?

자기소개서에 더 많은 내용을 쓰게 할수록 그걸 보는 입학 사정관이나 인사 담당자는 비교할 기준을 더 많이 얻는다. 짧은 글에는 부풀려 말할 공간 자체가 없기 때문에 진실을 왜곡하는 일을 피할 수 있다. 하지만 길게 쓰다 보면 여러 가지 일들을 부풀려 진실을 왜곡하게 된다.

자기소개서는 일관성을 지닌 글이어야 하기 때문에 게임 하듯 쉽게 아무거나 적어 볼 수도 없다. 또 빨리 쓸 수 있는 글도 아니다. 한 장의 글과 열 장의 글의 차이를 생각해 보자.

잠깐 언급되는 인용구는 금방 기억에서 사라질 수 있지만 글쓴이의 경험이 확장된 사례는 기억에 남는다. 독립된 짧은 글이 잠깐의 허세는 부릴 수 있다. 하지만 여러 개의 연관성 있는 이야기를 제출하게 된다면 그 글들이 모두 질서가 있고 조화로워야 독자들이 편하게 읽을 수 있다.

또한 삶을 살아가는 데 관찰하지 않고 습관적으로만 살아가는 사람이 있다. 이런 사람은 어떻게 자기소개서를 써야 할까? 사실 이 문제는 개인적인 활동이 추가된 자기소개서가 온전히 해결해 줄 수 있는 건 아니다. 그러나 노력해 볼 수는 있다. 자신의 경험을 폭넓게 바라보지 않는 사람은 오히려 더 정확하게 삶을 바라볼 수 있는 눈을 가지고 있을 수 있다. 그들의 이야기를 주의 깊게 읽으면 통찰을 얻기 위해 필요한 단서들이 들어 있음을 발견할 수 있다. 이를 끄집어내면 된다. 자기소개서는 결과보다는 방식이 중요하기에 이를 활용하는 것은 매우 좋다.

대학에서, 또는 업무에서 우수한 성과를 내는 이에게 우선적으로 두드러지는 능력이 바로 언어 능력이다. 그래서 대학이나 회사는 지원자의 언어 실력을 최대한 명확하게 측정하여 그 사람의 미래 가치를 판단하려고 한다. 또한 입학사정관이나 인사 담당자가 지원자가 어떤 사람인지 추측하고, 그들을 합격시키는 데 판단의 근거를 마련해 주는 것이 자기소개서다. 이는 판단하는 사람에게도 쉬운 일이 아니다.

자기소개서는 새로운 경험을 하게 해 준다. 자기소개서를 다 작성하면 사람들은 인생이 정리된 듯한 느낌도 받는다. 그들이 일관적이고 체계적이고 전략적으로 글에 담은 건 합성된 새로운 존재가 아니다. 바로 그들 자신이다. 많은 사람들은 이 과정을 통해 누군가가 제시한 틀에 자신을 욱여넣지 않고 무언가를 직접 하는 방법을 처음으로 배운다. 그들은 글을 쓰면서 자기 자신에게 더 가까이 다가가고 자신이 한 관찰과 느낌에 깊숙이 들어간다. 자신의 내면 깊은 곳으로 들어가 말을 하게 되면 진정으로 말하고자 했던 것을 하게 된다. 또한 자신이 말할 거라고 생각도 못 했던 이야기까지 술술 풀어내게 된다.

틀에 맞추지 않고 글 쓰는 방법을 배우면서 사람들은 내면의 가장 깊은 곳에 있는 감정이 어떻게 훌륭한 생각을 이끌어 내는지 이해하기 시작한다. 나는 종종 이런 말을 듣는다.

"지금까지는 제대로 쓴 글이 하나도 없는 거 같아요. 지금은 남들이 들을 만한 이야기를 쓰고 있다는 느낌이 들어요."

'들을 만한 이야기를 쓴다.'라는 느낌은 글쓴이가 성장하고 있다는 분명한 신호다. 들을 만하다는 개념은 독자에게 무슨 말을 할지와 관련된 게 아니라 독자가 글쓴이의 말을 이해하느냐와 관련 있다.

처음에는 몹시 괴로울 수 있다. 자신이 말하는 것이 누군가에게 잘 전달될지 확신이 없다. 개인적인 이야기로 어떻게 공감을 얻을 수 있는지 의문이 들기도 한다. 그러나 매우 개인적인 글, 생각이 변하는 글은 다른 사람에게 가장 큰 공감을 얻을 수 있다. 다른 사람 역시 개인적이고 생각이 변하기 때문이다. 이러한 글을 통해 확실한 공감을 얻으면 대학이나 회사에 합격하는 길로 이끌어 수업을 들을 수 있도록 하고 재치 있는 아이디어를 낼 사원이 될 수 있도록 한다.

◆ ◆ ◆

나는 자기소개서 쓰는 걸 가르칠 때 그들이 지원하는 대학이나 회사의 자기소개서 질문을 함께 살펴본다. 그리고 많은 시간을 할애해 사람들에게 자신의 생각을 자세히 들여다보도록 한다. 생각을 들여다본 후 그러한 생각들을 낳는 관찰과 느낌을 살펴보고 분석하도록 옆에서 지도한다. 특히 하버드나 구글 같은 곳일수록 이러한 과정이 필수적이다. 그렇게 하다 보면 사람들의 글에서 생각의 근원이 보이곤 한다. 그때마다 나는 늘 큰 감동을 받았다. 그것은 그들이 본 것이고 그들이 본 것에 대한 느낌이었다.

사람들에게 근원을 알 수 없는 생각이 어느 날 갑자기 떠오르는 일은 거의 없었다. 지식이나 역량이 부족해서 그럴 수도 있다. 하지만 나는 그들이 본 것과 느낀 것에서 나온 생각을 강력한 힘의 근원으로 여겼다.

고도로 정교하고 복잡한 추상적인 글에는 생각이 어디서 시작되었는지, 어디로 향하는지 찾을 수 없을 때가 있다. 하지만 보고 느낀 것에서 생각을 시작해 일단 어떤 생각에 이르게 되면 그 생각에는 한 치의 오차도 없는 정확성이 생긴다.

그러면 과거에는 어떤 생각을 했는지, 현재는 어떤 생각을 하는지, 미래는 어느 쪽으로 향할지 최대한 명확하게 검토하게 된다.

자기소개서는 비옥한 땅이다. 거기서 풍부하고 탄탄한 이야기가 통합된 형태로 생겨난다. 이렇게 생겨난 글에는 온전한 자기 자신이 담겨 있다. 이 과정을 통해 사람들은 자기 자신에 대해, 그리고 세상에 대해 마음의 문을 더욱 활짝 연다.

글을 마치며

아직도 생생하게 남아 있는 기억이 있다. 3학년 때 강의의 한 과정으로 짧게 연설을 하고 내려왔을 때 칼턴 대학교의 학과장인 영어 교수 해리엇 셰리든이 내게 다가온 장면이다.

백발의 머리를 길고 굵게 땋아 뒤로 내린 그녀는 권위 있는 여성이었다. 나는 10세기와 11세기 로마 가톨릭 교회의 절차에 대한 이야기를 했다. 당시 교회에서는 독신이 원칙이었다. 어떤 종교적 신념 때문이 아니라 성직자의 자녀가 교회 재산을 상속받는 것을 막기 위해서였다.

해리엇은 내게 "역사의식이 훌륭하군."이라고 말했다. 그녀의 말은 맞는 말이다. 나중에 하버드 대학교에서 나는 빅토리아 시대의 역사와 문학에 대한 책을 두 권 썼으니까. 하지만 내가 말하려는 건 그게 아니다. 그녀의 말을 듣는 순간 내가 '관찰되었다'는 사실을 얼마나 생생하게 느꼈는지 지금도 기억이 뚜렷하다는 것이다.

그 기억을 떠올리면 지도 교사가 학생 한 명 한 명을 관찰할 수 있다는 점이 개인 지도의 장점이라는 생각이 든다. 사람들이 사고하고 글을 쓰는 주체로서 자신이 누구인지 규정해 보도록 도운 최초의 사람이 나일 때가 많다.

때때로 개인 교사의 이러한 특별한 지도를 제대로 이해하지 못하는 경우가 있다. 내가 어떤 제안이나 지침을 제시하지 않기 때문이다. 체계적으로 주제를 정해 설명을 하는 일도 없다. 다만 글에서 무엇이 가장 강력한 힘을 발휘하는지 이해하도록 그 사람의 경향에 맞게 선택해서 지도한다.

내 목표는 사람들에게 가능한 내 생각을 말하지 않는 것이다. 나는 글 자체에 있는 증거를 통해 사람의 내적 경험으로 접근해 그것을 다듬어 보도록 돕는다. 사람들은 자신이 받아들이는 내적 기준에 대한 확실한 증거를 오로지 글을 통해서만 얻기 때문이다.

대개의 경우 세부적인 것을 철저하고 정확하게 기록한 경험이 그 기준이 된다. 내적 기준에 대한 증거를 얻을 때 사람들의 경험은 일시적으로나마 글에서 안정적으로 보인다. 그들은 자신이 쓴 글에서 점점 정확한 방향으로 향할 정보를 얻는다. 글에 그러한 정보가 없다면 내가 그들의 삶에 또 하나의 정보를 주는 역할을 한다.

이때 내가 주의 깊게 신경을 쓰는 점이 있다. 나와 사람들의 관계는 글쓰기를 통해서만 맺어져야 한다는 것이다. 그래서 사람들과 너무 가까워지는 것을 피한다.

사람들이 개인 지도를 통해 얻어 가는 것은 글쓰기를 배웠다는 느낌이 아니다. 글쓰기 기술을 분명히 배웠겠지만 그보다는 작가로서 자신의 역량을 발휘했다는 느낌을 더 크게 얻을 것이다.

사람들은 자신의 경험에 가까이 다가갔을 때 보고 느낀 것을 온전히 소유하는 방법을 처음으로 배우게 된다. 그다음 자신이 말하는 내용을 표현하는 데 각별한 주의를 기울여 보고 느낀 것에 대한 제 생각에 책임지는 방법을 배운다.

개인 지도가 끝나 갈 무렵이면 나는 사람들이 눈앞의 사물을 있는 그대로 받아들이며 거기서 느낌과 생각을 확장하고 있다는 사실을 느끼게 된다. 나를 찾아온 사람들은 대부분 자신이 어디서도 배우지 않은 지식의 맹공격을 받는다고 느낀다. 하지만 보통 1, 2년 정도 나에게 배우고 떠날 때 그들이 공통적으로 얻는 것은 지적인 작업을 즐기는 능력이다.

  이제 그들은 책을 읽으며 순간순간 피어나는 감정을 솔직하게 표현하고 이 감정을 글로 새롭게 탄생시킨다. 그들에게는 엄청난 변화가 이미 일어났고 앞으로 더 많은 변화가 생길 것이다. 그들은 실제로 존재하는지도 몰랐던 세계로 진입한다. 그 세계는 마음속의 삶이 더 이상 낯설지 않은 세계다. 그 삶이 결코 멀게 느껴지지 않는 세계인 것이다.

❖ ❖ ❖

  삶은 우연히 시작된다. 당신을 키운 사람, 그들이 아는 사람, 당신이 사는 지역, 당신이 다니는 학교 이 모든 것 중 '당신'이 선택한 것은 없다. 시간이 흘렀다 해도 당신에게 깊은 의미를 전달하는 사물에 당신이 먼저 다가갈 수도 있고 그렇지 않을 수도 있다.

  대학이나 직장을 선택하는 일은 진정한 의미에서 젊은 사람이 하는 최초의 선택인 경우가 많다. 그리고 영역은 매우 광범위하다. 전국이 그 영역이 될 수도 있고, 때로는 전 세계로도 그 문이 넓어진다. 그것은 계층, 종교, 인종, 문화를 초월한다. 당신이 어딜 가든 이전에는 결코 보지 못한 것을 발견하게 될 것이다.

어쩌면 당신이 보게 되는 것이 당신의 예상을 깨는 것일 수도 있다. 대학을 진학하거나 직장을 얻는 일은 실존의 파괴를 수반한다. 새로운 인식을 얻게 되고 그 과정에서 경험에 내재되어 있는 질서를 발견하게 된다. 가정과 종교, 이웃에 대한 인식 역시 새롭게 변한다.

실존적인 파괴는 내적으로도, 외적으로도 발생한다. 이는 자아 인식의 변화 및 다른 사람에 대한 인식의 변화를 가져온다. 그 파괴는 또한 자기 자신을 어떠한 과정에서 생기는 특정한 감각에 기꺼이 내맡기려는 태도를 갖게 한다. 그 과정이 객관적이든 주관적이든 목적은 결과가 아니라 균형 감각을 얻는 것이다. 이 균형 감각은 사람이 사물과 일정한 거리를 유지하는 동시에 그 사물을 자신만의 눈으로 더욱 자신감 있게 관찰하는 상태를 말한다.

자신만의 관찰이 중요하다. 하지만 대학 입학 자격을 심사하기 위해, 또는 회사 입사 자격을 심사하기 위해 사람들을 분류하는 지표는 과정이 아닌 결과다. 또한 그 점수를 몇 개의 고정된 수치로 축소한다. 이 책에서는 자기소개서를 그들의 지적 변화가 이루어지는 과정을 나타내는 지표로 본다. 내가 지도한 사람들의 자기소개서의 공통점은 그들 모두가 자신에게 일어나는 지적 변화를 검토한다는 점이다.

수정을 하지 않은 초고에는 경직된 순간이 담겨 있다. 하지만 두 번째 원고는 생각에 동요가 일어나는 과정을 보여 주며 진행 중인 순간을 묘사한다.

이 책이 내놓는 결론은 이렇다. 사람이 지적으로 성장하기 위해서는 우선 '사건'에 완전히 몰입해야 한다. 최대한 선입견을 버리고 보이는 것에 접근하라. 다윈의 《종의 기원》을 본으로 삼아 과학자 같은 중립적 입장을 취해 현상을 다루고 그 현상을 묘사하라. 그리고 거기서 추리를 끌어내라. 다만 그 추리가 완벽하다고 결론을 내려서는 안 된다. 이것이 가장 기본적인 것이다.

글쓰기에 세심하게 집중하면 사건들 안에 내재된 증거를 더 날카롭게 인식하게 된다는 점을 살펴보았다. 사람들은 자신이 보고 느낀 것에 이름을 붙여 주기 전에 먼저 그것을 조심스럽게 탐험해야 한다는 것을 배운다. 그리고 주변에 있는

미지의 세계에 대해 열린 자세를 갖는 법을 배운다. 자신만의 표현으로, 자신만의 목소리로 자신을 여는 것이다.

◆ ◆ ◆

이 책에서 나는 자기소개서를 중심으로 그와 관련된 글쓰기 전체를 설명하려고 노력했다. 일류 대학이나 좋은 회사일수록 자기소개서를 매우 개방적으로 바라본다. 그래서 사람들에게 "우리가 원하는 걸 그들도 원한다. 그들이 나와 다를 거라고 생각하지 마라. 그들도 한 번에 한 명씩 너희를 본다."라는 말을 지속적으로 했다.

글에는 많은 것이 담긴다. 성적을 나타내는 숫자는 사람을 개별적으로 평가하지 못하기 때문에 사람이 자신을 최대한 잘 보여 줄 수 있는 것은 바로 정확한 글쓰기다. 다른 평가 수단은 사람의 실체를 어렴풋하게만 보여 주기 때문에 그것으로 상대가 자신의 진정한 모습을 알 수 있기를 바라는 생각은 버리는 것이 좋다.

입시 제도나 채용 제도가 당장 바뀌기를 기대하는 것은 너무 많은 것을 바라는 건지도 모른다. 하지만 자기소개서를 준비하는 방법은 당장 바꿀 수 있다. 자기소개서는 더욱 탐구적으로 쓸 수 있고 또 그래야 한다.

  나는 사실을 왜곡하지 않고 자신의 모습을 끌어낼 수 있는 자기소개서의 방식을 독자들이 찾을 수 있기를 바란다. 자기소개서 쓰기가 사람의 자각을 예상치 못한 수준까지 끌어 올리는 것을 보았기 때문이다. 그에 더해 대학에서 교육을 받을 자격이 있는지, 회사에서 업무를 수행할 능력이 있는지 평가하는 데 그 어떤 점수보다 믿을 만한 자료는 자기소개서임을 나는 확신한다.

  자기소개서는 여러 가지 면에서 사람이 발전하는 과정을 볼 수 있는 이상적인 공간이다. 다양한 상황에서 개인적인 경험을 하며 생각을 펼쳐 나가는 일은 사람들에게 새로움으로 다가온다. 이러한 과정을 통해 사람은 관찰과 느낌, 생각이 통합된 탄탄한 기초 위에 자신의 정신적 삶을 확고하게 세우고 미래를 향해 출발한다. 그러면 어떤 경우에도 사회적 삶에서 배제되지 않는다. 오히려 그들은 지적으로 성숙하고 균형감과 거리감을 갖게 된다.

  결국 대학에 들어가거나 회사에 입사했을 때 자신의 내적 정체성을 잃지 않은 상태에서 스스로 선택한 결과인 집단과 단체에 소속감을 느끼며 동질감을 찾을 수 있다. 관찰과 느낌, 생각은 마침내 '행동'이 된다.